小学校編

# エンカウンターこんなときこうする！

ヒントいっぱいの実践記録集

編著　諸 富 祥 彦
千葉市グループエンカウンターを学ぶ会

図書文化

## まえがき

# なぜ実践記録集か
# エクササイズ主義で足りないもの

千葉大学教育学部助教授　諸富祥彦

いま、構成的グループエンカウンターがブームだという。たしかに、私のもとにも、「研究授業でエンカウンターをやってみました。先生、見に来ていただけませんか」「校内研修で先生にエンカウンターをやってほしいのですが」といった依頼が数多く寄せられている。文部省主催のものをはじめ、各都道府県の教育センター主催の講座にも、何らかの形で組み込まれており、私も講師で全国を回っている。

暗黒の青春の中、悶々とした日々を過ごしていた十八歳の夏。國分康孝先生・久子先生主催のワークショップにはじめて参加して約二十年経った。その後何らかの形でエンカウンターにかかわり続けてきた私としては、たいへんうれしいしいかぎりである。

しかし、喜んでばかりもいられない。

それは、次のような声を聞くからである。「エンカウンターをやったら、子どもたちは確かに楽しそうだったけど、それだけだった」「クラスが荒れてきたので、エンカウンターをやってみたけれど、効果がなかった」。

たずねると、年に一、二回エンカウンターをやってみただけ、ということ。エンカウンターを実践したことがあるというほかの先生にたずねても、残念ながら、エクササイズ集を見て「このエクササイズ、面白そうだからやってみよう」といった段階（単発の〝エクササイズ主義〟）にとどまっている方が多いようだ。

これでは、ダメである。

エンカウンターはたしかに手軽でだれにでもできる。「まずやってみる」ことが大切である。

しかし、その段階にとどまっていては多くは期待できない。

エンカウンターに限らず、効果のある教育実践には

・なぜ（クラスの状態がどうだから）
・何を（どのエクササイズを）
・どのようにして（どう工夫して）
・いつおこなったら
・どうなったか

についての自覚が不可欠。

つまり、「クラスがこんな状態のとき、このエクササイズをこんなふうにやってみたら、クラスはこう変わりましたよ」と言えなくてはならない。

本書は、そんなエンカウンターの実践記録を集めたもの。集まった実践を読ませていただき、「これならたしかに使える」そんな感触を得た。

# 目　次

## エンカウンター こんなときこうする！

### 小学校編

### ヒントいっぱいの実践記録集

第 1 章

# エンカウンターを学校で生かすとは

# 「いまなぜエンカウンターなのか
## ——諸富祥彦のエンカウンター理論——」

**存在が希薄な子どもたち**

　自分で自分の存在を実感できない子どもたちが増えている。自分はたしかに生きているのだけれど、その自分の存在そのものにリアルな実感をもてない。〝これが自分だ〟という実感がなく、自分と周囲の間の波長をただフワフワと漂うように生きている。

　自分と自分でないものとの境界があいまいで、したがって、何が自分で、何が自分でないのかが定かではない。自分はほんとうに自分のしたいことをしているのか、それとも周りの人から期待されていることをただしているだけなのか、自分でもよくわからない。そんな実在感の乏しい子どもたち。

　かつての貧しい時代、さまざまな〝壁〟が横たわっていた時代であれば否応なく感じることのできた、ゴツゴツとした抵抗感をいまの子どもたちの多くは感じない。ぶつかることのできる〝壁〟があれば、子どもが自分の存在を実感するのはそうむずかしいことではない。壁のない、豊かな時代であればこそ、子どもたちは、自分という存在の輪郭を明確に描くことが困難になってきているのだ。

　構成的グループエンカウンターは、こんな時代を生きる子どもたちに、自分という存在の輪郭をハッキリ感じ取ることのできる機会を豊富に与えていく。「これが自分だ」「自分はこんな人生を生きていきたい」「私は、こんな自分になりたい」——こんな意識を喚起して、子どもが自分という存在の輪郭をくっきり描く、そのお手伝いをしていくユニークな教育方法である。存在感の希薄なこの時代のニーズにまさに応えうる教育方法である。

**自分の人生の主人公になる**

　エンカウンターの基本思想は、実存主義である。「俺には、俺の生き方がある」——そんな気概をもって生きるのをよしとする人生哲学がある。さきに述べたように、現代は、自分の輪郭があやふやになりやすい時代。こんな時代だからこそ、自分の人生の主人公は自分である、という自覚がいっそう必要になる。自分では自分のしたいことをしているつもりでいたのに、気がついてみたら、周囲の人の気持ちを満たしていただけだった。こんな状態に陥りがちで、だから人は「自分がワカラナイ」「自分がほんとうは何をしたいのか見えない」とよく口にする。

　こんな時代を生きる現代人に、エンカウンターは、意識性と責任性をもって生きよ、と説く。それは、言葉を変えれば、「人生は選択の連続である。そして、選択には責任が伴う。したがって、人生とは、責任を負うて選択を繰り返し、それにより自分で自分の人生をつくりあげていくプロセスのことである」という主張である。

　私流の表現をすれば、「自分の人生のプロデューサーになれ」——これがエンカウンターの思想であり、人生はひとつの作品、生きるとはその人生という作品を生涯かけてつくりあげていくプロセスである、という心構えである。

　どんな生き方がよいか。だれも前もっては示してくれないこの時代。自分はどうなりたいか。どんな人生を生きていきたいのか。たえず自問を繰り返し、明確なイメージを描くことのできた者だけが人生の勝者。真の幸福を手にすることができる。

**個が生きるつながり**

　エンカウンターのめざす人間関係とは、どのような人間関係か。エンカウンターのめざす集団とは、どのような集団か。

私は、それは〝個が生きるつながり〟のある人間関係、〝個が生きるつながり〟のある集団である、と答えている。

これは、どういうことか。

周知のように日本人の多くは、〝情緒至上主義〟とでもいうべき、あうんの呼吸を大切にする調和型人間関係の中で生きている。

これは、うまくいっているときにはたいへん心地がいいが、まずくなると窒息しそうなくらいに息苦しくなる人間関係である。

いまの子どもたちは、一見、こうした日本的人間関係とは無縁のように見える。言いたいことはズケズケとよく口にするからだ。

しかしその内心は、かつての世代以上に周囲の視線におびえているところがある。

いまどきの子ども、若者は、たしかに自分と無関係の他人の視線は、あくまで無関係なものとして遮断することができる。

しかしその一方で、彼ら彼女らは〝仲間〟の視線にがんじがらめになってしまっている。〝グループ〟から外れ、孤立することを極度に恐れ、仲間と衝突しないよう、仲間の欲求を敏感に感じ取ってそれに合わせている。

これは、自分を殺す人間関係、自分を殺すつながりである。

エンカウンターは、こうした閉塞的な集団を打破しようとする。

必要なときにはノーと言える。他者と同じように自分も大切にする。そんな人間関係や集団をつくろうとする。

孤立でもなく、他者や集団への従属でもなく、個が個として自立したままつながりあえている人間関係。そのつながりがあるからこそ、その中で個がいっそう生き生きとしてくるような人間関係。エンカウンターでは、それをめざすのである。

## 自分を好きになるエンカウンター

「自分のことがキライ。私、自分のことが好きになれないんです」。カウンセリングの中で、いったい、何度こんな言葉を聞いたことだろう。

自分を好きになれない、自分を、自分の人生を大切に生きていくことができない。そんな子どもが増えている。

ある子どもは、リストカットなどの自傷行為に走った。「私、自分を傷つけていると、気持ちが落ちついてくるんです」。

また、ほとんど登校せず、街を徘徊し、暴力行為をふるう子ども、シンナー遊びや万引きを繰り返す子どもたちは言う。「どうせ、俺の人生なんか、たいした人生じゃないんだからさ」。

〝心の刃〟が内に向かうか外に向かうかの違いはあれど、いずれにも共通しているのは、自己肯定感の低さ、自分を大切にできない子どもたちだということである。

私は、この自己肯定感――自分を、自分の人生を大切に生きていきたいという気持ち――を育てていくことが、何にもまさる現代の教育最大の課題だと思っている。

そして、学校におけるその最大の武器が、構成的グループエンカウンターなのである。

その第一段階は、自分のいいところを見つけること。「どうせ俺は（私は）」と思っていた子どもたちが、他者からの肯定的なフィードバックをもらって「こんな自分にもいいところがある」と気づいていく。自分のだめなところばかりでなく、自分のいいところにも目を向けていく。

第二段階は、自分のダメなところをもポジティヴな視点からとらえ直していく。「短所だと思っていたところも、見方によっては長所になる」という気づき。すなわち、リフレーミング。

そして第三段階は、自分のいいところも、悪いところも、ただただそのまま認め、受け入れていく。自分を超えた視点に立ち、そこから、あるがままの自分を受容できる段階。深い深～い自己肯定。

こんな自己肯定の深まりを体験し、あたかも自分で自分をカウンセリングしているような視点を、自分の内部にはぐくんでいくこと。それがエンカウンターの究極の目標の一つだと私は思っている。

# 「エンカウンターはどう実践されているか」

## 私の見た「悪い実践」

ある中学校に研究授業の講師として招かれた。エンカウンターのエクササイズで学級活動の授業をやるから、見てコメントしてほしい、ということであった。

授業者の名前に見覚えもあったので、一定レヴェル以上のものを、当然、期待していた。

エクササイズは「トラスト・フォール」（信頼する・信頼される体験の学習）と「ブラインド・ウォーク」（信頼の目隠し歩き）。

最近の総合的な学習の動きとあいまって、福祉の授業の一貫としてもしばしば行われている、定番エクササイズである。

残念ながら、内容は散々であった。

教師の姿勢がよくない。「とにかく楽しもう」という姿勢でエクササイズを説明するので、子どもたちもすっかりゲーム感覚。

わいわい騒ぎながら、楽しみながらやってはいるが、「人を信頼する感覚」「人から信頼される感覚」を静かに感じている雰囲気はまるで伝わってこない。

八人組の「トラスト・フォール」では、面白がって中央の子どもを突き飛ばすようにやっている。授業者は放ったらかしでまったく介入しない。いじめられている子どもが中央に入ったら、強烈な外傷体験になるはずだ。

「ブラインド・ウォーク」はもっと怖かった。目隠しをしたまま、手をつなぎ、ものすごく早いスピードで歩いていく。廊下を走っている子どももいる。これでは、「デンジャラス・ウォーク」だ。子どもは、人を信頼することではなく、人を信じてはいけないことを学んでしまうのではないか。

私は、とにかくけがが心配で見ていられなかった。「エンカウンターで、けが人続出」——そんな新聞の見出しが脳裏をよぎった。

## よく聞く疑問を吹き飛ばす「いい実践」

「エンカウンターをすると子どもはたしかにイキイキします。でも、何か学べるんですか」「エンカウンターとゲームは違うんですか」。いまでもよく聞く質問である。

「もちろん違います」。私はそう言いたいのだが、さきのような実践をエンカウンターと呼ばれると、そうも言えなくなってしまう。

では、こうした疑問に応えうる、優れたエンカウンターは、どこが違うか。

それは、どんな目的でどのエクササイズをどのように行い、それによってどのような効果を得ようとしているのか。その自覚の高い実践である。つまり、「ねらい」の自覚が高い実践。

私は、エンカウンターの実践のよしあしを決める最大のポイントは、「ねらい」の自覚にある、と言いたいのである。

どんな授業にも「ねらい」がある。それを達成するために、「教材」や「指導方法」を練っていく。その「ねらい」を達成するのにどんな雰囲気、どんな〝世界〟を教室につくり出すか。そこが勝負である。そのためにＢＧＭを利用するなど、細かな演出も必要になる。

例えば、「トラスト・フォール」や「ブラインド・ウォーク」の場合、心が静まる落ちついた雰囲気をつくり出す。真剣な表情で教師がしっかりデモンストレーションをする。

その授業で子どもに何を伝えるか——授業の〝ねらい〟がビシッと定まったエンカウンターの授業。こんな授業を見せれば、「ゲームとどこが違うか」などという質問は、するほうが恥ずかしくてできなくなるはずである。

# 「学校にどう位置づけるか ――２章のガイド――」

**本書は、学校におけるグループエンカウンターの実践事例集**

「クラスがこんな状態のとき、このエクササイズをこんなふうにやってみたら、クラスはこう変わりました」。

そういった実践の具体的な事例をわかりやすく紹介していく。そんな情報を提供することが、読者の方が、エンカウンターをほんとうに役に立つような仕方で実践していくうえで、どうしても必要だと思うからである。

では、どのような実践を紹介していくのか。

まずは、学校ぐるみの実践を紹介。学校全体でエンカウンターに取り組んでいくなかで、学校全体の雰囲気がじわーっと変わっていった。不登校の子どもの数が徐々に減っていった。そのような実践を紹介する。

次に、学級づくりの実践の紹介。エンカウンターの最大の出番はやはり、学級づくり。「学期始め、クラスがえのあとの雰囲気がよくないときに」「いまひとつ元気がなくて、このままでは行事を迎えるのが心配なときに」「友達から嫌なことをされたときに、ノーと言える子どもを育てるために」など、クラスにどんな問題があると感じられたときに、どのエクササイズをどのような順序でやったらどうなったか、を具体的に報告する。

さらに、次のような実践を次々と紹介していく。

道徳や教科の授業で、エンカウンターをどのように行っていくかの紹介。エンカウンターのよさの一つは、手軽で、だれでもが比較的簡単に行うことができ、しかも、ほかの教育実践の中に取り入れることができること。道徳や教科学習のスパイスのような感じでエクササイズを使うこともできる。

進路指導でエンカウンターをどう使うかの紹介（中学校編のみ）。エンカウンターの効能の一つに、自分や自分の生き方についての意識性が高まり、その結果、進路意識も高まるということがある。

単なる振り分けではない、生き方教育としての進路指導にエンカウンターは有効である。

そしてさらに、適応指導教室におけるエンカウンターの実践を紹介（中学校編のみ）。人間関係が苦手な不登校の子どもが通う適応指導教室では、人間関係能力を育てるグループエンカウンターは当然ながら、きわめて有効性が高い。

ただし、やはり傷つきやすい不登校の子どもが対象ということで、その際、どのような配慮が必要なのかを示した。

養護学校編では、病気とともに生きていかなくてはならない子どもが通う病弱養護学校で、そんな子どもたちをエンカウンターでどのように支援していったかを紹介する。

保護者を対象とした懇親会で、グループエンカウンターを行い、いつもと違った有意義な懇親会をもつことができた実践も紹介した。

そして最後には、校内研修でグループエンカウンターを行った事例を紹介する。

読者の方には、ご自分がいま直面している問題と、最も近い問題にアプローチしている実践事例をお読みいただき、ぜひ気軽にトライしてみてほしいと思う。そして、もし模倣できる点があればしていただいて、その効果を試してみていただきたい。

# エンカウンターを実践するコツ

## ふだんと違う自分を演じる

私は、授業を見る目はかなり厳しいほうである。小・中学校の授業で行われているエンカウンターを見ていると、いくつかの欠点が共通して目につく。それをもとに、実践的なアドヴァイスをする。

・その授業で子どもに何を伝えるのか。
・授業の〝ねらい〟を明確にし、
・それにふさわしい〝世界〟をつくり出せ。

私がいつもつけている注文は、「エンカウンターをやるときは、ふだんの授業とは違う自分を演じ、エクササイズに相応しい〝雰囲気〟をつくり出してほしい」ということである。

エンカウンターを行うのは、学級担任である場合が多い。ふだんは教科を教えているし、学力面・生活面での評価も行っている。その同じ人がエンカウンターを行い、子どもに心を開かせようというのである。ふだんと少し違う自分を演じる必要がある。

要は、そのエクササイズで子どもに何を伝えようとしているのか〝ねらい〟を明確に意識し、エクササイズが意図している〝心の世界〟を意識的につくり出すことである。

具体的には、教師が、エクササイズに合わせて自分の声のトーンやリズムなどを調整する。元気のいいエクササイズのときは高いトーンで、しっとり系のエクササイズの場合は、低めの落ちついた声でゆっくり語りかける。もちろん、表情も意識的に調整するし、BGMの使用も効果的である。過去の自分を振り返るエクササイズであれば、例えば井上陽水の「少年時代」、活気のあるエクササイズのときはモーニング娘。の曲、といったように自覚的に使い分ける必要がある。

場合によっては服装を変えたり、ちょっとした小道具を用意することで、教室の雰囲気はずいぶん違ってくるはずだ。

こうしたちょっとした工夫の積み重ねで、子どもも、抵抗なくエクササイズに入っていけるようになる。

## 教師同士で〝デモンストレーション〟を

残念なのは、ときどき、デモンストレーションの意義を軽視している先生がおられることだ。デモンストレーションなしで「とにかくやってみよう」とやると、さきのブラインドウォークの例のように、授業の意図からまったく外れた体験になってしまいやすい。また、ルールを無視してふざけ始め、パートナーの子どもが傷つくこともある。できれば教師同士でしっかりと時間をとってデモを見せること。これは、きわめて重要である。

## 教師は、もっと細かく仕切ろう

小グループでの話し合いをほとんど子どもに任せっぱなしで、そのために沈滞している場面を何度も目にした。

大人同士で行うエンカウンターでも、時間を細かく仕切らないと、特定の人がずっと話しっぱなしのことがある。とくにシェアリングのとき「はーい、次、一番の人、いきますよー。一分間です」「はーい、そこまで〜」と教師が細かく仕切ること。

最初のうちこれをしっかりやっておくと、子どもが慣れてくるにつれ、しだいに任せられるようになってくる。発言力の弱い子どもを守るためにも、教師が多少、細かすぎるくらいに介入し、仕切っていくことが必要である。

第 **2** 章

# エンカウンター実践記録

1　全校実施で，教師が変わる！　子どもが変わる！

# 全校ぐるみの計画的なエンカウンター

**平林かおる** ひらばやしかおる
千葉市立院内小学校教諭

**こんなときに！**
全校の雰囲気を変えたい

**■ねらい**
教師と子ども，子どもと子ども，教師と教師の人間関係を深めながら，自立のできる子どもを育てる。

**■学年**　小１～６
**■時期**　１年間
**■時間**　学活
**■集団**　学校の取組み

**★諸富のひとこと**
本実践の千葉市立院内小学校は千葉市を代表するエンカウンターの実践校。全校でエンカウンターに取り組むことで学校全体の雰囲気があたたかいものに変わっています。本実践の成功の秘訣は，①まず職員全員で定期的にエンカウンターを行ったこと，②エンカウンターを１つのきっかけにして，教師が子どもたちを見るまなざしそのものがポジティブに変わっていったこと。その結果，不登校がかなり急激に減少しています。

**4月**
■出会いのエクササイズ
・質問ジャンケン、じゃんけんおんぶ、友達紹介
□学級の実態の把握

**5月**
□自己肯定度調査

**7月**
■友達となかよしエクササイズ
・あなたをさがしています、人間コピー、幸せを運ぶ手紙

**9月～10月**
■もっとなかよくエクササイズ
〔低学年〕
・わたしはだれでしょう、おなじものなあに？　もとにもどせ
〔中学年〕
・ハートぴったりだあれ、質問ゲーム、スター賞あげよっと
〔高学年〕
・ブラインドウォーク、私のクラスに来てください、宝物を探せ

**11月**
□自己肯定度調査

**1月**
□自己肯定度調査

**3月**
■お別れのエクササイズ
・がんばり賞あげよっと、ほめあげ大会、忘れ得ぬ人

本校が、年間を通して全校で「エンカウンターを取り入れた人間関係づくり」に取り組むようになってから、七年になります。全校でエンカウンターに取り組むようになるまでの経過と実践の様子、そして、子どもたちの変容や教師の変化についてお伝えします。

## 取り組みまでの経緯

### 接点の少ない子どもたち

本校は、千葉市の中央部に位置し、近隣には大型デパートや繁華街が広がっています。そんな立地条件から、マンションが次々と建てられ、年間三〇～四〇名の転入生を受け入れる、児童数六〇〇人ほどの大規模校です。

初めて日本に来た外国の子どもも多く、いろいろな家庭環境の中で育ってきた子どもが通ってきています。

いまから七年前も、学校を取り巻く状況は同じで、子どもたちはたえず変化の中で生活していました。

休み時間には汗だくになって遊ぶ元気な子どもが多く、また、障害児学級の友達に、やさしく声をかけてあげる姿も多くみられました。

しかし、一方で、「仲よしの子がまた転校しちゃった」と泣いている子どもがいたり、「学校に行きたくない」と訴えてくる子どもがいたりと、どこか落ち着きのない不安定な状態も感じられました。

ささいなことで、つかみ合いのケンカが始まり、教師が仲裁に入ることも何度となくありました。

係活動にも活発さがみられず、教師に注意されてようやく取り組むこともしばしばでした。ほめられることよりも、注意されることのほうが多い子どもたちは、おそらく充足経験も少なかったのではないでしょうか。

また、教室で仲よくなった友達同士も、家庭へ帰れば放課後の過ごし方に大きく差がありました。塾や習いごとへ通う子どもと、存分に遊ぶことのできる子どもとでは、それ以上に仲よくなれるはずもありません。

そして、だんだんと自分と似た環境の友達同士が一緒に過ごすようになり、学級の友達とふれあう機会が少ない状態が続いていきました。

これは、おりしも、文部省が「不登校は、どんな子にも起こり得る問題である」という見解を表明した時期でした。本校でもまた、長期欠席児童（長欠児童）が一人、また一人と増えていきました。

### 学校ぐるみで取り組むまで

長欠児童の増加に頭を抱えるなか、本校は平成五、六年度に千葉市の生徒指導の指定を受け、職員の間で本格的な取り組みが始まりました。

まず、「学級経営部会」と「不適応対策部会」を中心に、子どもの実態について検討を重ねました。その結果、子どもが自ら考え、自己決定・自己実現できるような場をつくることをめざすことにしました。本校の子どもにとって、「子ども主体」の活動が最も必要であると考えたのです。

学級活動の中から、まず係活動の見直しに取り組みました。決まった人数で割り振ってきた係の仕事から、自分が選ぶ係への切りかえでした。「やりたい係になれる！」というだけで子どもたちの目は輝きました。係活動も活発になり、協力して取り組む姿もみられ、効果は抜群でした。

しかし、学級で集団生活するためには、やりたい係だけというわけにはいきません。大変でも、なくてはならない係もあります。「子ども主体」をめざす一方で、「集団生活の大切さ」を知るにはどうしたらよいのか、と頭を悩ませていました。

そんな折、教育相談に携わっていたある一人の教師から「こんなものがあるよ」と紹介されたのが、『構成的グループエンカウンター』でした。耳慣れない言葉に、ほとんどの教師が戸惑いました。そこでまずは、教師集団が体験してもらおうということになりました。

提案者の教師をリーダーにして、全員でエクササイズ「幸せを運ぶ手紙」や「私だけが知っている」を行いました。初めての体験に緊張感いっぱいで始まったエクササイズも、進むにつれて職員室のムードがほのぼのとしたものに変わっていきました。エクササイズの終わりには会話も増え、「距離を感じていた先生からもらったひとことがとてもうれしかった」とシェアリングで話す教師も、それを聞く教師にも笑顔がこぼれました。

エクササイズの感想はさまざまでしたが、どの教師にも共通していたのが、「楽しかった」ということでした。ガードの固い大人でさえこれだけ楽しめ、安心感が生まれるなら、学級でも生かせるという手応えを感じました。

エンカウンターを積極的に実践し、子ども一人一人が活躍できる場をつくっていけば、子どもたちの人間関係や学級集団が変わり、安心できるあたたかい学級がつくれるのではと考えました。

こうして、院内小学校においてエンカウンターの実践が始まったのです。

## どうやって共通理解するか

初めてエンカウンターにふれる教師がほとんどで、職員数の多い本校では、教師一人一人の考え方もさまざまでした。全校でエンカウンターを実践していくためには、常に共通理解を図る必要があります。

まず、「本校の子どもたちにとって必要なことは何か」「なぜエンカウンターなのか」について話し合いました。そのなかで、「いま学校現場で大切なことは、子どもと子ども、子どもと教師、教師と教師の人間的なふれあいの場をつくることではないか」「不登校やいじめなどの問題に対症療法的に対応するだけでなく、開発的教育相談の技法を生かして、学級集団を、あたたかい心のふれあいのあるものにしていくことが大切なのではないか」などの意見が出され、『子どものために必要』なことと共通理解を図ることができました。

また、めざす児童像を次のようにとらえ、助け合い、支え合うあたたかい学級・学校集団づくりに取り組みました。

- 互いの気持ちや考えを話したり、聞いたりすることができる
- 互いのよさを認めていこうと、前向きな態度で接することができる
- 互いに学び合い、成長しようとする意欲をもつことができる
- 相手の立場に立ってものごとを考え、自分にできることをする
- 集団の一員として、目標のために何ができるのかを考えて行動し、協力することができる

## 全職員が取り組む準備

次に、エンカウンターを学級で行うための、基本的な知識と指導法について理解を深めました。「エクササイズとエンカウンターってどう違うの？」「ウォーミングアップって何？」というところからのスタートです。

職員図書として『教師と生徒の人間づくり』（國分康孝監修）を購入し、だれでもすぐ見ることができるようにしました。「習うより慣れよ」という言葉のとおり、その本を見ながら、学級でエクササイズの実践を積み重ねていきました。そのたびに、「子どもも教師も楽しい気持ちになり、学級が明るくなってきた」という声が聞かれるようになりました。

また、検証授業を通して、講師から考え方や指導法について教えていただいたり、各学級担任同士で学級経営について話し合ったりする時間を設けました。

学級のありのままが他の教師に見えてしまう検証授業は、担任にとって大変勇気がいることですが、学級王国にしないためには必要なことなのだと、互いに励まし合いながらやってきました。

エンカウンターは、子どもが主体の活動なので、担任にとってはドキドキの連続です。どんな出会いやハプニングが起きるのか予測がつきません。

しかし、子どもたちの飾らない姿や気持ちを一緒に共有できる時間は、そうたくさんあるものではありません。このように、楽しい学級に

するための一方策として、教師たちもエンカウンターを受けとめるようになりました。

　その後、学級経営部会は「人間関係づくり部会」へと変わりました。構成メンバーも少しずつ変わりましたが、「院内小に来たらエンカウンターを体験する」という暗黙の了解が生まれ、いまでも続いています。

　新しく赴任してきた教師にも、エンカウンターのよさを説き、ときには学級に招いて子どもと一緒にエクササイズを体験してもらっています。いまでも年度の初めには、実践経験の豊富な教師がリーダーとなり、職員研修として体験し共通理解を図っています。

## 取り組みの実際

### 一年間の全体像

　本校では、前年度の実践をもとに、各学年ごとに年間カリキュラム（実践例集）の計画の見直しを行っています。

　カリキュラムは次のような観点で立てられています。

・子どもの発達段階に合っているか
・知り合う→理解する→発展させるという段階をおって計画されているか
・その学期や時期にふさわしいか

　例えば、一～三年生は、相手の立場を十分に理解したり、他者を大切にすることがむずかしい時期なので、遊び的な要素を多く取り入れたエクササイズを重視しています。

　いっぽう、四～六年生は、集団の一員としての自覚をもち、人間関係の基礎を学んでいく時期です。他者受容や信頼感を促進するエクササイズを取り入れています。

　各学年ごとの年間計画を次ページ以降に示しました。それぞれ次のような視点で計画を立てています。

　一年生は、声を出したり動いたりと、体を使ったエクササイズが中心です。時間はどれも短く、何度やっても飽きないので繰り返し行います。

　二年生は、基本的には一年生と同じですが、自分のよさや友達のよさに気づかせるものを取り入れています。

　三年生は、低学年と同じように動きのあるものと、友達と一緒に楽しめるエクササイズを取り入れ、友達について少し深く考えられるものに重点を置いています。

　四年生は、高学年の仲間入りを前にして、自分や友達のことを肯定的に見たり、自分の考えを伝えたりするエクササイズを中心にしています。

　五年生は、体育の体ほぐしとして、身体接触を伴う活動を一学期に取り入れています。二学期からは、集団の中で自分の考えや自分らしさを表明するエクササイズへと進んでいきます。

　六年生は、卒業を前にして自分の足跡を振り返るエクササイズを、三学期に組み入れています。

　また、奇数学年は学級編成が行われるので、一学期の最初には「お互いを知る」エクササイズを入れています。

　このカリキュラムは、本校の実態に基づいて長年かかってできたものです。学級の様子によっては、一学年下のエクササイズを行うこともあります。学級の実態に応じた新しいエクササイズも毎年行っています。

### 一学期の様子

　四月になると、どの学級からも「早く仲よくなれるように」と、エンカウンターに取り組む子どもたちの、元気な声があちらこちらから聞こえてきます。そして教師が自らの目で学級の実態把握に努めます。気になる子どもがいれば、学年会で情報交換し、共通理解を図ります。

　研究組織も決定し、学年の一～二名が人間関係部会に入ります。その教師を中心にエンカウンターの実践計画を進めていきます。

　五月には、子どもたちの一年間の変容をみるために一回目の調査をします。これには「自分をみつめてみましょう」という名の、自己肯定度を把握する質問紙を使います。

## 人間関係づくり「エクササイズ：カリキュラム」【１学年】

| 学期 | 題材名 | ね　ら　い | 方　　法 | 備考 |
|---|---|---|---|---|
| 一学期 | うたでなかよし | ○新しい集団の友達と大きな声で歌ったり遊んだりして仲よくなる。 | ・様子を思い浮かべて歌い，身体表現をしながら友達とあいさつや握手をしたり遊んだりする。 | 音楽 |
| 一学期 | じゃんけんおんぶ | ○体をリラックスし，親睦と楽しい雰囲気をつくる。 | ・二人組をつくり，じゃんけんをして負けた人が勝った人をおんぶする。そのまま，他のペアとおんぶされている人同士がじゃんけんをし，負けたペアは勝ったペアをおんぶする。 | 学活 |
| 一学期 | だるまさんがころんだ | ○だれでも楽しくできる活動的なゲームを通して集団の親睦を深め，和やかな雰囲気をつくる。 | ・鬼が『だるまさんがころんだ』と唱えて振り向いたときに動いた者は捕まる。他の友達が捕まった仲間を助けた所でみんなは逃げる。鬼はストップをかけ，決められた歩数で捕まえていく。 | 体育 |
| 二学期 | あなたをさがしています | ○クラスの友達の特技や趣味などについて質問し合い，お互いにもっとよく知り合い，友達同士の関係をつくる。 | ・一人一人にカードを配り『犬を飼っている人』というように，あらかじめ用意された質問に答え，あてはまる友達を探していく。それをもとに，クラス全体に広げていく。 | 学活 |
| 二学期 | わたしはだれでしょう | ○いままで知らなかった友達のことを知ることで，よりお互いを理解する。 | ・自分の特技や好きなこと等を書いた用紙を集める。円形に座り回収した用紙を教師がアトランダムに読み上げていく。その後，書いた人がだれかを当てる。 | 学活 |
| 二学期 | 『せえの』でしりとり | ○「しりとり」ゲームをグループ単位で行うことにより，グループの結束を高めたり，親密度を増したりする。 | ・４人～６人程度のグループをつくり，制限時間の中で言葉を相談する。カウントダウンの後に『せえの』のかけ声に合わせて，自分たちが決めた言葉を発表する。この要領で次々としりとりを続けていく。 | 学活 |
| 二学期 | おなじものな～に！ | ○グループごとに共通したことを見つけることや話し合うことで，お互いをよく理解し合う。 | ・４人ぐらいのグループをつくり,グループ内の共通点を探す。見つけた共通点をクイズにして問題を出し,クラスで話し合いながら答えを考える。 | 学活 |
| 二学期 | もとにもどせ | ○グループごとに分割した雑誌や広告を組み立てる活動を通して協力し合う意識を高める。 | ・グループで雑誌や広告を決められた数に分割し，他のグループと交換して元の形に戻す。 | 学活 |
| 三学期 | 私がよびたい○○さん | ○自分の考えを自由に発表しお互いを認めることでより信頼感を高める。 | ・『この学級に有名人をよぶとしたら』の質問で数人選ぶ。そしてなぜその人を選んだか，その理由を発表し合う。 | 学活 |
| 三学期 | 見つけたよよいところ | ○友達や自分自身の長所に気づき，お互いの存在感を強める。 | ・友達のよいところをみつけ『よいところさがしカード』に記入し，本人に届ける。 | 道徳 |

## 人間関係づくり「エクササイズ：カリキュラム」【２学年】

| 学期 | 題材名 | ね　ら　い | 方　　法 | 備考 |
|---|---|---|---|---|
| 一学期 | じゃんけんおんぶ | ○体をリラックスし，親睦と楽しい雰囲気をつくる。 | ・二人組をつくり，ジャンケンをして負けた人が勝った人をおんぶする。そのまま他のペアとおんぶされている人同士がジャンケンをし，負けたペアは勝ったペアをおんぶする。 | 学活 |
| 一学期 | わたしのひみつ | ○お互いの思いがけない面や個性を知ることにより，親しみをもつ。 | ・自分の秘密や住んでいる所について書く。円形状になって順に友達の秘密が書かれた紙を読み上げ，だれのことかを当てる。 | 学活 |
| 一学期 | 色えんぴつをわすれちゃった | ○自分のもっている情報を正確に伝え，正しく聞くことの重要性に気づき，また，グループの協力の大切さを学ぶ。 | ・グループ（５～６人）をつくり，一人一人が情報カードを持つ。自分のカードを友達には見せずに，言葉のみで伝えることにより，一枚の絵を色鉛筆で塗り分けていく。 | 学活 |
| 二学期 | よいところマーチを作ろう | ○友達や自分自身の長所に気づき，お互いの存在感を強める。 | ・友達のよいところを見つけ，『よいところさがしカード』に記入し，本人に届ける。集まったカードから各自のよいところの替え歌をグループでつくり，みんなで歌う。 | 道徳 |
| 二学期 | グルグルドッカンじまん大会 | ○自分のよさを自慢し，認められることで自分の自信になり，存在感や満足感を高める。 | ・自分のよいところをメダルに書き，事前に用意する。グルグルドッカンゲームをしながら，当たりになったら自分のメダルに書いた自慢を発表する。賛成や他のよいところを発表し合い深めていく。 | 学活 |
| 二学期 | あなたをさがしています | ○クラスの友達の特技や趣味などについて話し合い，もっと，よくお互いを知り合う。 | ・一人一人にカードを配り，あらかじめ用意されたいろいろな質問に答えていく。それをもとに一人が読み上げ，全体でだれかを当てる。 | 学活 |
| 二学期 | 同じものな～に！ | ○各グループ内の共通点（特技や趣味など）を探し，楽しく話すことにより，友達の思いがけない面やよさを知り，親しみをもつ。 | ・グループ内の共通点は何かを探す。見つけた共通点をクイズ形式にして，クラス全員に出題し，当てる。 | 学活 |
| 三学期 | 四つのまど | ○自分と似たような好みをもつ友達,また,自分と違う好みをもつ友達の存在を知り,お互いの理解を深め合う。 | ・１つの質問から，答えを４種類用意しておき，教室の四隅に掲示する。そこに集まってきた児童同士で選んだ理由をインタビューし合う。 | 学活 |
| 三学期 | がんばり賞あげよっと | ○友達へのあたたかい目を養う。友達のよいところやすばらしいところを見つけ，認め合える学級の雰囲気をつくる。 | ・生活班で友達一人一人にふさわしい賞をネーミングし，発表会を設けて紹介する。 | 学活 |

## 人間関係づくり「エクササイズ：カリキュラム」【3学年】

| 学期 | 題材名 | ねらい | 方法 | 備考 |
|---|---|---|---|---|
| 一学期 | サッカージャンケン | ○じゃんけんを通して，多くの相手とかかわり，新しい友達や先生とのリレーションづくりをする。 | ・学級を2つに分け，それぞれのチームでポジションを決める。一列目は，8～10人，二列目は4～6人，三列目は2～3人，ゴールキーパーと並ぶ。笛の合図で試合開始。じゃんけんで勝ったら前に進み，負けたらもとにもどる。 | 学活 |
| | 聖徳太子ゲーム | ○一人でできないことも，何人かで協力すればできるということを体験しながら人間関係をつくる。 | ・聖徳太子についてお話を聞く。3～4人のグループをつくる。3～4音節の単語をいっせいに聞き，何を言っているのかを当てる。 | 学活 |
| | あなたを さがしています | ○友達の特技や趣味などについて話し合い，お互いにもっとよく知り合う。 | ・一人一人に質問の書いたカードを配る。じゃんけんをして勝ったら，相手に質問し当てはまる友達を早く探し当てる。 | 学活 |
| | トレードマーク | ○友達のよいところやいろいろ知らない面を知り，お互いに親密感をもたせる。 | ・自分のことをクリアシート（OHP用）に書き，OHPを使ってみんなの前で発表していく。 | 学活 |
| 二学期 | 私，わかりますか | ○友達の特徴を見たりふれたりすることによって友達に対する認識を深める。 | ・目かくしをして，手で触れながら，相手がだれであるか当てていく。 | 学活 |
| | ハートぴったりはだれ | ○なぜそれを選んだのか，理由を述べたり，説明をして，お互いにもっと知り合えるようにする。 | ・1つの質問から，答えを4種類用意しておき，教室の四隅に掲示する。そこに集まってきた児童同士で選んだ理由をインタビューし合う。 | 学活 |
| | もしも生まれ かわれたら | ○自分を見つめなおし，自分の長所や短所を知り，新しい自分に気づく。 | ・もしも生まれかわるとしたら，何になりたいのか絵で表現し，理由を発表し，感想を述べる。 | 学活 |
| | スター賞あげよっと | ○友達へのあたたかい目を養い，友達のよいところやすばらしいところを見つけ，認め合える学級の雰囲気をつくる。 | ・生活班で友達一人一人にふさわしい賞をネーミングし，発表会を設けて紹介する。 | 学活 |
| 三学期 | ブラインドウォーク | ○相手に身をゆだねることにより，相手に対する思いやりの心と信頼する心を育て，友達とふれ合い，友人関係を親しくする。 | ・ペアになり，一人が目かくしをし，一人が声をかけ，手を引きながら，目的場所に到達するようにする。 | 学活 |
| | ドリえもんズの友 こうちゃんズを写せ | ○グループでの共同作業を通して，いままで気づかなかった友達のよさを発見する。 | ・順番に「こうちゃんズ」の絵を見に行き，戻ってきたら記憶を頼りにしながら，絵を仕上げていく。 | 学活 |

## 人間関係づくり「エクササイズ：カリキュラム」【4学年】

| 学期 | 題材名 | ねらい | 方法 | 備考 |
|---|---|---|---|---|
| 一学期 | 共同絵画（無言チームワークゲーム） | ○言葉を使わない作業で，友達の思いを察したり，自分の気持ちがどう伝わるか感じたりしながら協力する喜びを知る。 | ・4・5人のグループで決まった4つのものを入れ，話をいっさいしないで1枚の絵を仕上げる。その後，書いているときの気持ちを話し合う。 | 学活 |
| | 友達紹介 はっちょこたこ紹介 | ○クラスの友達あまり親しくない人に話しかけ，もっとよく知り合う。<br>○互いに知り合ったことを紹介し合い，親しみを広げる。 | ・くじ引きでペアを組み互いにインタビューし合って相手を紹介するメモを作り紹介する。 | 学活 |
| | ガイバイボー・パズル | ○活動的なレクリエーションを通して，心身をリラックスさせ，交流を深めるとともに協力やルールを守る大切さを知る。 | ・自分の班で作成したパズルを1ピースずつ持ち，ジャンケンで勝ったら相手のパズルをもらい，自分の陣地で作成する。1人ずつ対戦し，パズルが完成したら終了。題材名「ガイバイボー」は，韓国語でジャンケンの意味。 | 学活 |
| 二学期 | 人間コピー | ○自分のもっている情報を正しく伝え，協力する喜びを知る。 | ・パネル裏に張ってある1枚の絵を見てきて，画用紙にそっくり同じ絵を描く。 | 学活 |
| | 質問ゲーム | ○クラスの友達の特技や趣味等について話し合い，互いにもっと知り合う。自己を見つめ自己表現できるようにする。 | ・6人のグループに分かれ，教師や子どもたちが作ったカードをサイコロを振って出た目の数で順番にその質問に答える。 | 学活 |
| | メッセージ | ○パントマイムで自分の考えを伝える。<br>○相手の人の考えを推測し互いの認識を深める。 | ・2人1組のペアになり，互いに伝えたいメッセージを持ちそれを身ぶり手ぶりで伝える。1人がそのメッセージを推測しメモする。本来のメッセージを読みながら正確に伝わったかどうかを話し合う。 | 学活 |
| | Xさんからの手紙 | ○友達のよいところを見つけ，手紙を書き，互いに認め合う。 | ・友達のよい行いをカードに書き相手に渡す。自分に届いた手紙をじっくり読み返す。その際，全員が手紙をもらえるように配慮する。 | 学活 |
| 三学期 | ほめあげ大会 | ○友達を肯定的に見ることで思いやりの心を育てる。友達にほめられることにより自分に自信がもてるようにする。 | ・4～6人グループをつくり，自分以外の人についてほめたことを2つずつノートに書いて渡す。もらったカードを読み自分に合っていたら○，合っていなかったら×，どちらともいえなかったら△を自己評価欄に記入し○について発表する。 | 学活 |
| | 無人島 | ○想像力を膨らませ，未来や未知のことについて友達と語り，生活感を見つめ直す。 | ・無人島に流された状況を説明し，そこで生き抜くために役立つと思われるものをリストの中から8つを選び大切な順番に番号をつける。パートナーを決めて話し合う。 | 学活 |

## 人間関係づくり「エクササイズ：カリキュラム」【5学年】

| 学期 | 題材名 | ねらい | 方法 | 備考 |
| --- | --- | --- | --- | --- |
| 一学期 | 質問ジャンケン | ○新しい友達と知り合うとともに，聞く態度を養う。 | ・ジャンケンをして勝った人は，知りたいことを質問する。負けた人はその質問に答える。相手を変えて何度か繰り返す。 | 学活 |
| 一学期 | 人間コピー | ○初めて出会ったグループの中で，友達と情報交換をする。 | ・1枚の絵をグループ一人ずつ見に行き，覚えてそっくりの絵（コピー）を作り上げる。 | 学活 |
| 一学期 | 人間ブリッジ | ○身体活動を通して自然にグループにあたたかい雰囲気をつくる。 | ・4人グループぐらいから，クラス全員で思い思いの橋を作り，一人ずつ交代で渡っていく。 | 体育 |
| 一学期 | 幸せを運ぶ手紙 | ○支持的・受容的風土をつくる | ・1人20枚くらいのカードを配り，友達のよいところを書き，配達する。手紙をもらった人は，その中に自分が書いていない人がいたら，書いて配達する。 | 学活 |
| 二学期 | 印象ゲーム | ○友達のことをよく知り，仲よくする。 | ・食べ物，教科，タレント等について友達の好みを推測して書く。お互いに発表し合い，当否を確認する。 | 学活 |
| 二学期 | 私のクラスに来てください | ○自分の考えを明らかにしたり，友達の考えを大切にしたりできるようにする。 | ・教室に来て話をしてもらいたい有名人を選び，その理由を書く。4人程度の小グループでお互いの考えを聞き合う。 | 学活 |
| 二学期 | 目隠しジョギング | ○思いやり，信頼感を感覚的に受けとめる。 | ・グループでつくった円の中心に1人立ち，たどり着く相手を指名する。タオルで目隠しをしてからぐるぐる回って，周囲の誘導で相手を見つける。 | 学活 |
| 二学期 | 色鉛筆を忘れちゃった | ○楽しい雰囲気で「聞く・話す」活動を通して協力できるようにする。 | ・自分に配られた情報カードを話題にそって提示し，絵カードの色を相談しながら正しくぬっていく。 | 学活 |
| 三学期 | 私だけが知っている | ○自分の個性に自信をもち，他人の個性を尊重する。 | ・自分自身の経験，個性だと思うことを3つ書き，リーダーが読み上げ，それが自分のことかどうかを当てていく。 | 道徳 |
| 三学期 | 6年生になった自分へ | ○自らの向上に努める心を育てる。 | ・各自，自由に自分あての手紙を書く。書き終わったら，封筒に住所，氏名を書いて切手をはる。この手紙は3か月後に自分に配達されるようにする。 | 国語 |

## 人間関係づくり「エクササイズ：カリキュラム」【6学年】

| 学期 | 題材名 | ねらい | 方法 | 備考 |
| --- | --- | --- | --- | --- |
| 一学期 | 団結くずし | ○身体的接触を伴う活動を通して，心理的距離を短時間に縮め，信頼関係育成のきっかけをつくる。 | ・グループの児童が背中合わせに腕組みをし，マットの中央に車座になって座る。他の児童は，団結している児童の足を持ち，輪をくずして引っ張り出していく。 | 体育 |
| 一学期 | あなたはレポーター | ○お互いのことを知り合い他者理解を深める。 | ・2人組になって，自分にインタビューしてほしいことを5つ書く。レポーターは相手の紙から2つ選んでくわしくインタビューし合う。 | 国語 |
| 一学期 | ハートぴったりだあれ | ○お互いのことをもっと知り合い，信頼関係をつくる。 | ・同じ範疇に属する言葉を4種類用意し，部屋の四隅に提示する。同じ言葉を選んだもの同士で理由をインタビューし合う。 | 国語 |
| 一学期 | Xさんからの手紙 | ○自分に自信がもてるよう肯定的な自己概念を育てる。 | ・友達の長所，励ましの言葉など肯定的なメッセージを手紙に書き入れ，回していく。何人かのメッセージが書き込まれたら本人へ届ける。 | 国語 |
| 二学期 | 21世紀の私たちへ | ○未来の自分の姿について想像し，自己概念の形成と他者を理解する気持ちを培う。 | ・大人になった自分の姿を想像し，将来の仕事，趣味，家庭など具体的な姿を用紙に書いて発表し合う。 | 家庭 |
| 二学期 | ブラインドウォーク | ○信頼し，信頼される人間関係をつくる。 | ・2人組をつくり，言葉を使わずに，目を閉じた相手を安心させながら，校舎や校庭などのいろいろな場所へ案内する。 | 理科 |
| 二学期 | 宝物をさがせ | ○「聞く」「話す」活動を通して，協力する気持ちを育てる。 | ・グループのなかで，自分だけが持つ情報カードの内容をわかりやすく話してまとめ，地図のなかの宝物のありかを探す。 | 国語 |
| 二学期 | コマーシャルをつくろう | ○自分の心の中や感情を探求し，創造力を養う。 | ・自分についてよく考えて，隠れた才能や他の人にもっと知ってほしいことなどを，文章・イラスト・写真を使ってPRする。 | 図工 |
| 三学期 | ストーリーゲーム | ○協力的な態度を養い，信頼関係をつくる。 | ・ばらばらにした4コマ漫画を2人で話し合い，想像力を働かせて1つのストーリーにしていく。 | 国語 |
| 三学期 | 忘れ得ぬ人 | ○多くの人々に支えられて生きてきたことに気づき，自分を大切にしようとする気持ちを育てる。 | ・幼いころから現在までで，いちばん自分に影響を与えた人を選び，自分自身の変化を「忘れ得ぬ人」という題で話をする。 | 道徳 |

これは自己肯定度をパーセントで表すものです。なかにはほとんどの項目に否定的な子どもや、それとは逆に非常に肯定度の高い子どももいます。普段の様子ではどちらの子どもも教師は見すごしがちですが、この調査後は気にかけて子どもを見るようになります。

また、五月後半になると疲れが出てくるのか、「お腹が痛い」と言っては保健室に通う子どもも出はじめるころです。

放課後には、転入職員と一緒になって、全体でエクササイズの研修会を行います。

六月には、自己肯定度調査の集計と分析を行い、学級の傾向を探ります。部会の教師と一緒に集計方法や分析方法を学んだり、同じ学年の他の学級と比べたりして、学級への自分の働きかけを見直します。

学級によっては問題行動を起こす子どもが見られはじめ、話し合いがより具体的になってきます。

この場合、教育相談担当の教師が中心となって、教育相談部会でその子どもへの対応についてさらに話し合うこともあります。

七月に入ると、学校中が全校ダンス大会（児童集会）に向けて盛り上がります。楽しい行事を控えると、子どもたちの欠席や遅刻が少なくなります。全員登校しているときがエンカウンターを行うチャンスです。学級の実態に応じて、気になる子どものよさが引き立つようなエクササイズを、さりげなく展開します。

また検証授業を行い、リーダーとしての教師の役割や、子どもへの投げかけ方などの技術の向上に努めます。とくに話題になるのが、振り返りのもち方のむずかしさです。

八月の終わりには、生活の切りかえのむずかしい子どもと連絡をとって、二学期の滑り出しがうまくいくよう支援します。

## 二学期の様子

九・十月には、カリキュラムを参考にして、より深いエクササイズに取り組みます。子どもたちはだんだんと落ち着き、遊ぶ友達も広がって、集団としてのまとまりが見られるようになります。教師も子どもとともに「学級をつくり上げている」という実感が味わえるときです。

また、たてわり班の雨天時の遊びにエンカウンターを取り入れたり、全校集会で行ったりと積極的に実践します。

十一月には、二回目の自己肯定度調査を行います。半年の間に子どもたちがどのように変容したのかを比較します。集計した一人一人のデータや学級全体の変化を、部会で話し合います。それをきっかけに、子どもを認め、ほめて伸ばそうとする教師側の姿勢が、さらに浸透しました。

また二回目の検証授業を行い、エンカウンターに詳しい教師を講師として招いて、私たち院

### ■自己肯定度調査

自己肯定度調査は、「一般的自己」「学校場面での自己」「対人（仲間）関係における自己」「家庭場面での自己」の四領域からなり、「よくあてはまる」「あてはまる」「あまりあてはまらない」「あてはまらない」の四件法で答えます。

〈質問例〉

・私はいまの自分がけっこう好きです。
・私は言いたいことがあっても、なかなか友達に言えないほうです。
・私はクラスの人たちに好かれているほうです。
・私は家ですぐに腹を立てます。

この結果をエクササイズの選択に利用したり、日常の子どもへの働きかけに生かしたりしています。学級や個人のおおまかな傾向をつかむことで、教師が自分の考え方や指導のあり方を見つめ直すよい機会になります。

なお、この調査を活用する注意点として、得点の高いほうが価値があり、低いほうは価値が低いといった評価は必ずしも妥当なものではありません。例えば、得点が低くなった子ども（学級）は、嫌な自分が見えてきたということかもしれず、得点の低下からそのまま社会不適応が発見されるわけではありません。

内小の教師が実践していることについてのアドバイスや、理論的な指導をいただいています。

### 三学期の様子

一月・二月は、いよいよ学級もまとめの時期に入ります。三回目の自己肯定度調査を行い、一年を通した変容を客観的に把握します。

さらに調査の結果と教師の目で見た子どもの変化から、教師の支援のあり方について部会で話し合います。エンカウンターに取り組んだことで成長した子どもの様子を、担任以外の教師から教えてもらうこともあります。また、教師自身の成長に気づくこともあります。

学級では、一緒に過ごした一年間を振り返る時期です。連帯感が生まれ、男女とも和やかな雰囲気が学級をつつんでいます。また、心配だった子どもがやさしい目で下級生の世話をしたり、「みんなでお別れ会をしようよ」と発起人になったり、と子どもたちの大きな成長を感じることが多くなる時期です。教師が最も充実感を味わえる時期です。

三月は、一年間の取組みについて、学校全体で話し合います。次年度のカリキュラムの作成や改善を行います。

### 「振り返り」を工夫する

子どもの気づきを促すために、エクササイズの振り返りに工夫をしています。本校では振り返り表を利用し、題材や学級の実態に応じて、次の二つの流れで行います。

**パターンⅠ**
振り返り表の記入 → 全体での振り返り

**パターンⅡ**
振り返り表の記入 → 小グループでの振り返り → 全体での振り返り

振り返りを実践するなかで、それぞれの方法によい面と悪い面があることがわかりました。そのときの状態に応じて使い分けることが必要です。以下にメリットとデメリットを示します。

**1　振り返り表に記入する方法**

○自分を見つめ直す時間を確保できる
○発言の際に話しやすい
○表を集めておけば、内容をまとめて教師が伝えることもできる
×記述するのに時間がかかる

**2　小グループで振り返る方法**

○本音で気持ちをわかちあうことが可能である
×まとまりが少なく、グループごとの差が生じる

**3　全体で振り返る方法**

○いろいろな気づきにふれることができて、新しい発見の機会が増す
○自分の気づきやよさを、集団全体でわかちあうことができる
×発言をためらう
×時間的にも発言者数に限度がある

また、振り返りの時間には、子どもの言動について評価したり、教訓を言わないようにしています。教師として話すことは、エクササイズの意義や目的の確認、とくにエクササイズを通して気づいたことを今後どう生かしていくか、ということです。これを何度も確認しています。教師はつい話し過ぎてしまうことがあるからです。

## 結果

### 学校が楽しくなった

七年間にわたって、エンカウンターの手法を生かした人間関係づくりに取り組んできました。子どもたちのいちばんの変化は、「学校が楽しくなった」ということです。子どもはエンカウンターを心待ちにしています。ときには「席がえしたからエンカウンターをやろうよ」「四年生のときにやったサイコロトーキングをいまのクラ

スでもう一回してみたいな」と催促するまでになりました。

どの子どもも友達と心がふれあう喜びを感じているのがよくわかります。子どもたちは学校生活の中で何度も

「いつもは話さない友達と話すようになれたので幸せな気持ちです」

「友達と一緒にいると『ありがとう』とか『大丈夫』とか言ってくれるのでうれしいです」

という気持ちを味わい、その喜びを与えてくれる、人間同士のつながりを確認しているように思います。

また「学校に来ればたくさんの友達がいる」という思いは、不登校傾向の子どもにとっての励みになっています。その後、本校で長欠児童が増えていないのは、どの学級になっても人間的なかかわりが途切れることなく続いているからだと思います。

長欠者の割合の推移
該当年度全校児童数に対する割合

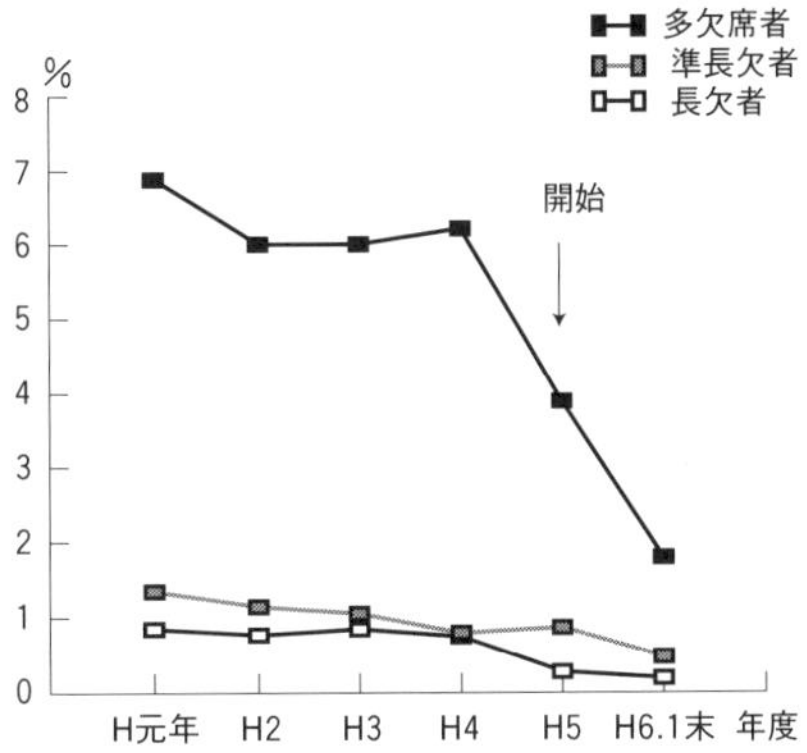


## 思いやりの芽が育った

エンカウンターの実践を続けていえることは、子どもたちに「素直さと、思いやりの心が育つ」ということです。本校を訪れた先生や地域の方が、子どもたちと接してみてまずおっしゃるのは「素直で明るいですね」という言葉です。

これは本校のどの学級も、あたたかい雰囲気で、子どもにとって安心のできる場になっているからです。子どもたちが、低学年のときからエンカウンターを体験してきた成果だと思います。

子どもたちは、友達に認められたり、ほめられたりする経験を積むなかで、その喜びを友達にも素直に伝えるようになります。

ベテランのA先生が、「日常生活の中に、子どもたち同士のいたわり合う姿がみられるようになりました。子どもたちにあたたかい気持ちが育ってきていることが教室の空気でわかります」と述べていたのが印象的でした。

このような芽はどんな子どもでももっています。院内小は、エンカウンターを続けることで、それらの芽をたくさんの教師が一緒に育てていったのです。

## 一人一人を大切にできる教師に

エンカウンターを中心にした人間関係づくりによって、変化したのは子どもたちばかりではありませんでした。ほんとうは教師の意識の変化が、子どもたちを変えたといってもよいと思います。

エンカウンターを実践するなかで、教師が自身の変化として多くあげていたのが、「子ども一人一人をみつめ、伸ばしていこうと努力することの大切さを再確認できた」ということです。

「これくらいできてあたりまえ」と、大人の尺度で見るのではなく、どれだけ伸びたのかを見る。その伸びたことをほめて、さらに伸ばすことが子どもにとって大きな意味をもつということがわかりました。そのためには、子ども一人一人をみつめる目が重要になるのです。

## 生き方の見本を示せる教師に

ある先生の感想です。

「教師が手本になるということをしみじみと感じました。教師が忙しくてイライラしていると、それが子どもにも移り、友達にぶつけていたりします。でも、私自身がゆとりをもつよう心がけ、校庭の花の匂いをかいでいると、子どもたちも一緒にやってみるようになりました」

このような経験はだれもがしていますが、つい忘れてしまいがちです。子どもたちが、伸び伸びと生活するためには、教師自らが手本（モデル）となって、ものの見方や考え方を豊かにする努力が必要です。そのために、子ども

たちを包む学級を、あたたかく居心地のよい雰囲気につくりあげていくことを意識するようになりました。

教師もエンカウンターを体験することで、その姿勢や原点について語り合うことができるようになりました。

## 組織として取り組む秘訣

本校が、ここまで長く人間関係づくりに取り組んでくることができたのは、教職員の変化が大きな理由です。人間関係づくりの取り組みが、ある一人の教師の転出によって途絶えてしまうようでは、子どもを変えることなどとうていできません。

本校では、実際にたくさんの教師がエンカウンターのよさを体験し、「自分たちもやってみようかな」と思えるエクササイズを展開しています。エクササイズで同僚の意外な一面を知ると、職場の人間関係も活発になり、心と心のつながりを感じながら生活できるようになりました。また、意外にも、ふれあいが心のゆとりをも生み出すことになりました。

職員で行った「私だけが知っている」の様子を紹介したいと思います。

## 教師たちの「私だけが知っている」

このエクササイズでは、自分のとっておきの体験や、自分だけの性格や特徴だと思うことを三つ書きます。書いたものはリーダーが集めて発表し、それをだれが書いたかを当てていくエクササイズです。

まず、職員全員に対してねらいとやり方を言いました。初めの「何をやらされるのだろう？」という緊張感が、職員室から少しずつなくなっていくのがわかりました。

次に、リーダーが自分の秘密を例にあげて説明しました。おかげで大爆笑がおきて、和やかな雰囲気で書き始めることができました。

全員が書き終わると、いよいよ発表です。リーダーがコメントを加えながら読み上げる秘密を聞いて、ニヤニヤする人、ポーカーフェイスの人などいろいろでした。

そして、書いた人の名前を聞くたびに歓声が上がりました。「こんなことをするのは○○さんしかいない」とか、「ええー、あなた虫も殺さないような顔して、カエルを解剖するのが好きだったの！」と、職員室のあちこちで笑い声が聞こえます。

最後に感想を発表し合いました。シェアリングが終わっても教師たちの会話は大いに盛り上がりました。

次の日から同僚の教師と目が合うたびに、前日のエクササイズの出来事が浮かび、明るい気持ちで過ごせたのは言うまでもありません。

---

## ■教師向け「私だけが知っている」

**(1) ねらい**

・教職員のリレーションを促進する、自己開示を楽しみ、自己開示を許容する雰囲気をつくる。
・エンカウンターの中心テーマである率直な自己開示と、あたたかなフィードバックを体験する。

**(2) 手順**

・「自分のとっておきの体験」「自分だけの性格・特徴」などを各自で三つ書く。
・書いたものをリーダーが集める。
・リーダーはランダムに一枚ずつ読み上げる。そのとき適当にコメントを加え、座を盛り上げる。
・だれが書いたものかを全員で当てる。
・全員分について行う。
・やってみて、感じたことや気づいたことを話し合う。

**(3) コツ**

・書き方を説明するとき、リーダーが自分の秘密を例にあげて、楽しく自己開示する。これがモデルとなって、自己開示を許容する雰囲気が高まる。
・発表のときに盛り上がったら、それを活性化させて十分に相互の自己開示を引き出す。

## これからの実践に必要なこと

エンカウンターを学校全体で実践するなかで、たくさんの成果が得られたと同時に、課題もまた見つかりました。

### 教師のリーダーシップをどう高めるか

エンカウンターの時間は、本音と本音の交流の時間です。エクササイズの途中やシェアリングで、一人一人の子どもの気づきや感情を、リーダーである教師がどう拾い上げ、全体に広げ共有していくかは、教師の感性や価値観にかかるところが大きいのだということがわかりました。

では、その感性やリーダーシップをどう磨いていけばよいのでしょうか。

それはやはり、エンカウンターの理論を学び、自分のものとして取り入れることが大切なのだと思います。そして、何よりも自ら進んでエンカウンターを体験し、エンカウンターにふれる時間を多くもつことです。

自分自身を高め、変わっていこうとする態度が、指導力や人間性の向上につながっていくのだと思います。

### 計画とエクササイズを常に見直す

そのほかの課題として、エクササイズの計画的実践と、題材の改善の必要があります。

学校の週休二日制を控え、大幅な時間短縮と学習内容の改訂が行われています。今後は、学級活動としての時間の確保がむずかしくなります。朝の会、帰りの会など、日常生活のなかで実践していく工夫が必要です。そして、短い時間に行えるエクササイズ（ショートエクササイズ）を取り入れていくとよいと思います。

また学級活動の時間だけでなく、学校生活の大部分を占める教科学習の時間にも、エンカウンターの手法を生かしていくことができます。これからは、いつ、どんな時間に、どんなふうに実施するのかを、さらに吟味する必要があると思います。

### 共生を求めて

最後に、エンカウンターの実践によって教師と子どもの共生、子どもと子どもの共生、教師と教師の共生がとても大切なことだとわかりました。人と人とのかかわりのなかから、自分の力で自己をみつめ、成長させることのできる心をもつ子ども、つまり、「自立・共生のできる子ども」を育てることが、これからの大きな課題の一つだと思います。

人間関係が希薄になる人間社会のなかで、「たくましく生きる力」を育成しようとするとき、エンカウンターがいままで以上に必要とされるのではないでしょうか。

**参考文献・資料**

國分康孝監『人間づくり　第一～四集』瀝々社
國分康孝監『エンカウンターで学級が変わる　小学校編　１・２』図書文化
國分康孝監『エンカウンターで学級が変わる　ショートエクササイズ集』図書文化
伊東博『ニュー・カウンセリング』誠信書房

2　1年を通した息の長い学級づくり

# クラスがえ後の人間関係づくり

岩瀬伸子　いわせのぶこ
千葉市立検見川小学校教諭

**こんなときに!**

友達の輪をもっと広げたいとき

**■ねらい**
クラスがえをしたばかりの子どもたちが，エクササイズを通して互いに知り合い，仲よくなるために。

**■学年**　小3
**■時期**　1年間
**■時間**　学活・道徳 など
**■集団**　学級

**★諸富のひとこと**

クラスがえをしたあとは，何となく硬い雰囲気。もとのクラスの友達同士でついつい集まってしまう。こんな状態を打破するために効果的なのがエンカウンター。まだあまり話したことのない子どもと話をして，仲よくなれる絶好のチャンスをつくることができるのです。エンカウンターの振り返り用紙も，子どもの内面理解の資料としてたいへん有効です。

**4月**

●落ち着いてはいるが元のクラスの仲間と固まり、あまり進んで新しい友達をつくろうとしない。

●みんなの前であまり発表しない子どもは名前をなかなか覚えてもらえない。

■名前を覚えて仲よくなろうゲーム（学活・道徳）
初めての授業参観。子どもたちの実態を知るという気持ちで楽しみながら観察。

**7月**

●友達の輪はだいぶ広がってきたが、同時に輪からいつも外れがちな子どもを発見。

■私はだれでしょう（学活・道徳）
「自分のよい点」を見つけ発表し合う。お互いを知り合うために、何回かに分けて実施。

●自己有能感の乏しい子どもを発見。

**1月**

●友達のことをだいぶ理解し合うようになってきた。

■探偵ごっこ・ハートぴったりだあれ（道徳）
友達とのかかわりのなかで、相手に自分の気持ちを伝え、人を尊重する気持ちを育てる

●目立つ子どももそうでない子どもも、自分の活躍できる場のあるクラスとなってきた。

**2月**

■この一年を振り返って（道徳）
自分の一年間の成長を振り返る調査を実施。

## なぜやりたかったのか

クラス替え後の明るく元気な三年生。私にとってはT・T専任を六年間した後の久しぶりの学級担任です。とくに困ることもなくスタートしたのですが、見ているとどうも元の学級の友達とばかり固まって活動しがちです。自己紹介の掲示物も、せっかく写真入りなのに、新しい友達の名前をあまり覚えていない様子です。

目立つ子どもはすぐに名前を覚えてもらえるけれど、おとなしい子どもはいつまでも覚えてもらえません。早く仲よくなってほしいなあ、何か楽しい方法で……ということが私の頭にありました。

さらに、一人一人の表現力を高め、どの子どもにもあるよいところを、互いに認め合うことのできるクラスにしたいと考え、年間を通してエンカウンターに取り組むことにしました。

「道徳や学活の時間には、みんなが仲よくなるゲームをいっぱいやろうと思います」と言うと、「わーい！」「どんなゲーム？」とゲームの好きな子どもたちは大喜び。

四月の授業参観の日。グループエンカウンター第一回のスタートです。

## 初めてのエクササイズを参観日に！

「え！　授業参観でゲームやるの!?」子どもたちはびっくり。「勉強じゃないといけないと思います」と言う真面目な女の子もいました。

子どもたちの期待と不安のなか、実は私も、とらえた実態が正しかったかどうか、少しドキドキしながら参観日を迎えました。

机を教室の隅に片づけて、床に座り、後ろにいる保護者へのあいさつを済ませて、いよいよ始めます。

「新しいクラスになって二週間たちましたが、もうお友達の名前はみんな覚えましたか？」

「……」とうつむく子どもたち。

とらえた実態が正しかったことに、まずひと安心です。

学校の今月の生活目標「名前を覚えよう」とも絡め、「名前を覚えて仲よくなろう」という題名どおりのねらいを話し、さっそくエクササイズに入りました。

## 子どもの反応を楽しみながら

「すれ違うときに、にこりともしてはいけないよ」

そうは言っても、ニヤッとしてしまうのは仕方がありません。歩く方向も何となく決まってきてしまいます。そろそろ苦しいかな？　というあたりでタイムアップにします。

「フー」と、安心した声があちこちから聞こえてきます。

「どんな感じだった？」と聞くと、

「顔を見ても笑えなくて、変な感じだった」

### ■名前を覚えて仲よくなろうゲーム

**手順**

(1)教室の中を自由に歩く。その際、以下の条件に従う。
①目をなるべく合わせない。話もしてはいけない（一〜二分）。
②目が合ったらにっこりしてもよい。話はまだしてはいけない（一〜二分）。
③目が合ったら「こんにちは」と言ってよい（一〜二分）。
・それぞれが終わるごとに、どんな気持ちがするか発表する。
・教師は意見を繰り返してもよいが批評はしない。

(2)再び歩きながら、出会った人と握手をして「私は○○です。よろしく」と言う。何人と握手できたか数えながら行う。三分くらいで終わりにし数を発表する。

(3)いままで一度も握手をしなかった人と二人組をつくる（奇数の場合は三人組でもよい）。

(4)二人組で自己紹介をし合う。
名前、好きな勉強、好きなこと、好きなものなどについてひとり二分くらいずつ伝え合う。

(5)「他己紹介」を行う。二人組の相手のことをみんなの前で紹介する。

(6)振り返りカードを書き、感想を発表する。

**留意点**

・(5)に時間をかけるので(1)〜(3)はスピーディーに行いたい。①②の後の意見がもし出なくても、後で違いがわかればよいのでさきに進む。
・オリジナルの名札（本名と、呼んでほしい名前）を事前に作ってつけるとよい。

という感想。他の子どもも同意しています。

「そう。それじゃ、次はニッコリしてもいいよ」

表情のお許しは出たものの、元気な子どもたちにとって、声が出せないのはまだまだ苦しいようです。

「声が出せなくてやだー」「知ってる友達と顔を合わせているのに話ができなくて変」

『知っている人に会ったらあいさつをしましょう』などと言わなくても、声をかけないほうが変だということを、ここまでのエクササイズで実感するようです。

子どもの言葉で「変だ」は、「コミュニケーションをちゃんととらないと気持ち悪い」ということです。「こんにちは」と言えるようになって、子どもたちもようやく活気づいてきました。

それならばコミュニケーションをもっと深めていきましょう、ということで、次は握手をしながら名前と「よろしく」を言います。

ところで「握手」になると、年齢や学級の様子によっては男子・女子に偏ることが予想されます。そのときの様子によって、無理にはさせないで、実態を見ながらアレンジしてよいと思います。

さて、私のクラスの場合、「できるだけ違うクラスだった人と握手しようね。何人とできるか数えておいてね」と、二つの条件を出しました。

数を競うのに必死な子ども、握手が慣れていなくて恥ずかしい子ども、男子に声をかけてみる元気な女の子……。今回は実態を知るという気持ちで、楽しみながら観察しました。

三年生ともなれば、まずは同性から握手をするというのは自然なことだと思われます。

いよいよ「今日まだ握手していない、よく知らない人と二人組をつくりましょう」という指示を出します。

ここで大抵の子どもは、まだあまり親しくない子どもと出会います。知らない子どもがまだ残っているので、割とすんなりペアはできました。ところが、必ずペアの見つからない子どもはいるものです。その日、ペアの見つからないA君とB君の二人を「二人組になれば?」とすすめると「だってBくんとは仲よしだもん。もう何でも知ってるよ」という返事が……。

いやでペアを組みたくない、というわけではなくてほっとしましたが、他のペアを崩すわけにもいかず、「仲よしならよかった。じゃ、もっと仲よくなれるように話そうね」と、やや苦し紛れの言葉で納得させました。

二人組での自己紹介を始めました。名前、好きな勉強……。よく聞いて、相手の言ったことを覚えなければなりません。早く終わって待っている組、時間がかかっている組、差はありますが、話のできない子どもや聞けない子どもはいませんでした。

次は後ろの保護者や周りの友達に見える場所

**ふりかえりましょう**

**「名前を覚えて仲よくなろうゲーム」**

**月　日　名前**

**①今日のゲーム（エクササイズ）は楽しかったですか**
**はい・どちらでもない・いいえ**

**②たくさんのお友達とあく手やあいさつができましたか**
**はい・まあまあ・いいえ　（　）人とできた。**

**③お友達のことをいままでよりくわしく知ることができましたか　はい・いいえ**

**④このようなゲームをまたしたいですか**
**はい・どちらでもよい・いいえ**

**⑤今日のゲームで感じたことや思ったことを自由に書きましょう。**

**○ふりかえりカードから**（当日出席二六人）

①はい（25）　どちらでもない（1）　いいえ（0）

②はい（18）　まあまあ（8）　いいえ（0）
握手した人数「六～九人」と回答した子どもが一八人で他は「五人」「一〇人」「一三人」が各一人ずつ、残りの五人は数え忘れなどで無記入。

③はい（26）　いいえ（0）

④はい（22）　どちらでもよい（3）　いいえ（1）

⑤「おもしろかった」「楽しかった」、「友達のことがよくわかった」「友達ができてよかった」「あいさつができた」「名前を覚えられた」など、すべて肯定的な意見だった。（次ページに回答例を記載してあります）

に立ち、「他己紹介」の始まりです。

「この人の名前は○○君です。好きな勉強は体育です。好きな遊びは？（何だっけ）」

発表する子どもの声が小さかったり、時間がかかったりで、子どもたちも少し飽きてきます。

全員の紹介が終わると、エクササイズは終了し、振り返り用紙に記入します。

**まず楽しさを味わえたら○**

書き終わったところで感想を発表します。

「いろんな人としゃべり合ったりして面白かったです。またやってみたいです」

「何人とも握手ができました。みんなのことを勉強して楽しかったです」

「他己紹介のとき恥ずかしくて、言うことを忘れてしまいました」

「友達のことを前より少しよくわかりました」など、すべての子どもが今日のエクササイズを楽しみ、めあてに取り組むことができたと書いていました。

新しい学級になってまもなくであり、授業参観というタイミングに、少し勇気を出して実施してみました。全員が楽しんで活動し、一人一人の発表の場もあったので、参観の授業としても、エンカウンターとしても結果的によかったと思います。

**少しずつできていく新しいクラス**

前回の「名前を覚えて……」のエクササイズによって、友達とのコミュニケーションについては、どの子どもも前向きであるという手応えを得ることができました。

五月・六月と、学級は解体前のクラスのグループが目立たなくなり、友達関係の広がりが見えてきました。

『元のクラスのグループ』は、クラスの枠を超えて休み時間に遊んだりして、学年全体が融合する役目をしたり、学級での生活や学習のルールづくりの際、（三クラスなので）三つの方法からよいものを検討し、新しいものをつくる材料を提供してくれるという、よい面を残してくれました。

中学年の発達段階の特徴のとおり、周りのことがよく見えはじめ、自己主張によるちょっとしたトラブルはよくありました。

その原因はドッジボールで遊んでいて、ルール違反をした、していないというようなたわいないものがほとんどでした。

まだ自分たちだけでは上手に解決できないことが多く、双方の話をよく聞いて子どもたちに考えさせ、「けんかして仲直りすることも大事な勉強」と言いながら仲直りの仕方をやってみせることもずいぶんありました。

**■私はだれでしょう**

- 紙に、自分のよい点や、自慢できること、がんばっていることなどを五つ文章で書く。（漢字テスト用の紙でよい）
- クイズ形式で読み上げ、だれのことか当てさせる。
- 道徳、学活、裁量、空いた時間などに少しずつ行う。

（名前）

| 1 | 2 | 3 | 4 | 5 |
|---|---|---|---|---|
| | | | | |

**■探偵ごっこ**

- ①から⑩までの条件を書いた用紙を配る。
- 自由に歩いて条件に合いそうな友達を探し、ジャンケンをする。
- 勝ったほうだけが相手に一つ質問できる。
- 相手が条件に合っていたら（　）に名前を書くことができる。
- （　）の中の名前は重複しない。
- 終わった人は黒板に名前を書き、座って待つ。
- 探し終わらない子どもがいるときは、終わった子どもに質問をしてもよいことにし、最後まで名前が書けるようにする。

たんていごっこ

名前＿＿＿＿＿＿＿＿

次のような人をさがして（　）に名前を書きましょう。

①３人きょうだいの人　（　　　）
②ネコをかっている人　（　　　）
③今朝，６時に起きた人　（　　　）
④富士山に登ったことのある人　（　　　）
⑤算数の好きな人　（　　　）
⑥カレーよりラーメンが好きな人　（　　　）
⑦人に言えない秘密のある人（　　　）
⑧じまんの宝物がある人　（　　　）
⑨お風呂では頭から洗う人　（　　　）
⑩一人で旅行したことのある人　（　　　）

## 子どもの内面が表れるエクササイズ

たわいない原因の小競り合いも、見ているとたいてい同じ子どもがかかわっている。原因は小さなことだけれど言い方に問題がある。確かこの前もこじれて泣いていたな……。

これは表に現れる行動の、意図や内面の感情を知る必要があるな、と思いました。

そこで子どもたちに、「わたしはだれでしょう」のエクササイズをするねらいを伝えました。ねらいは、次の二つです。

①自分のよい点やがんばっていることを自分で見つける（自己有能感をもつ）

②友達のがんばっていることやよいところを知る（自分のよい点が人に認められていることを知る）

「自分がいまがんばっていること、自慢できることを五つ書いてね」

私自身もこのエクササイズをしたことがありますが、簡単に書けるものではありません。こんなことを書いたら人がどう思うかなどと、よけいな考えがさきに立ってしまうからです。

その点、子どもはがんばっていることはがんばっているんだ、と言うことができます。

「先生、五つ書かなくちゃだめ？」

「できたらね。少なくても三つは書いてね」

子どもたちはいろいろ考えながら書いていきます。気になるあの子はどうでしょう。

「先生、僕自慢できることありません」

「がんばっていることは？」

「ない」

「生き物のこと、よく知ってるじゃない」

「あ、そうか……」のような会話が続き、席に戻って考え込んでいました。いくつか具体的に話したにもかかわらず、自分では納得がいかない様子。結局『なし』とその日は書いてありました。

残った時間で、何人かの書いてくれたものを読み上げ、だれのことか当てっこをします。一つ目を読んだところで当たってしまっても、残りを読んであげます。

これは日をおいて少しずつ行うほうがおもしろいです。書いた本人も忘れていたり、

「先生、付け足したい」と言ってくる子どももいます。そうなればしめたものです。

『なし』の子どもはこちらで作って読んであげます。それで自分の名前を当ててもらえれば、「周りは自分のそういうところを認めてくれているんだ」と、うれしい気持ちになります。

このエクササイズを通して、この子どものような自己有能感の乏しい子どもを発見することができました。

この後、私はそういった子どもたちに自信をつけさせるために、よい発言や活動のときは意識して声をかけ、『そこが君の自慢できることだよ！』というメッセージを送るようにしています。

---

**たんていごっこ　ふりかえり**

**月　日　名前（　　　）**

**1. 今日のエクササイズは楽しかったですか**
**とても楽しい　　楽しい**
**少し楽しい　　楽しくない**

**2. むずかしかったことはありますか**
**ある（　　　）　ない**

**3. 友達のことで大発見したことは何ですか**
**（　　）くん・さんが（　　　）**
**（　　）くん・さんが（　　　）**
**（　　）くん・さんが（　　　）**
**（　　）くん・さんが（　　　）**

**4. このエクササイズを通してどんな気持ちになりましたか**

### ■ハートピッタリだあれ？

・教室の壁四か所にあらかじめ答を貼っておく。
・まず「好きな色」という質問に、自分と合う答を探して集まる。
・なぜそれを選んだか、集まった者同士で話し合う。
・そのほか「好きな動物」「好きな教科」「行ってみたいところ」について同様に繰り返す。

**『ハートぴったりだあれ？』振り返り**

**1. 楽しかったですか？**
**2. 理由が言えましたか？**
**3. あなたと似た考えの人はだれですか？**
**4. あなたと考えの違う人はだれですか？**
**5. 『ハートぴったりだあれ？』をやって、感じたことを書きましょう。**

## お互いに、わかり合えたかな？

三学期。友達のいろいろなことがわかってきたこの時期、人と深くかかわったり、自分の心を伝えたり、人を尊重したりすることを学びとらせたくて、二つのエクササイズを行いました。

「たんていごっこ」では条件に合う友達を探しました。振り返り用紙には、

・みんなのことがよーくわかりました。
・すごーくたのしかった。
・あと一こだったのでくやしかった。

といったような感想が多く、一生懸命に取り組んだ様子がわかりました。

「ハートぴったりだあれ？」では、『好きな色』『好きな動物』『好きな教科』『行ってみたいところ』という質問に、それぞれ四とおりの答えを教室の壁や窓に貼って自分のあてはまる場所に集まります。

このエクササイズからは、自分の考えを選ぶ楽しさと理由を言うむずかしさに気づいたり、ふだん仲がよくても、違う考えの友達もいてそれでいいんだ、という自分も他人も認める態度が、振り返り用紙の感想に現れていました。

## 一年間のまとめをしよう

「この一ねんをふりかえって」という、まさに一年間の振り返りをしました。

1. 一年間でがんばったこと、成長したこと
2. どんな四年生になりたいか。
3. 学校や先生への希望
4. 家の人へのお願いやメッセージ

の四つを書きました。

1では学習や運動、給食など自分でがんばったと思うことが、思い思いに書かれています。

2では、めあてのようなものが主でした。

3を書いたのは六人だけで、クラブ活動の希望や「また担任になって」といううれしいものなどでした。

この振り返りのプリントは、この後の保護者との懇談会で使います。

保護者にも質問用紙に記入してもらった後、子どもの書いたプリントを渡し、子どもの思いと親の思いの似ている点、違う点を話し合います。

## 一年間エクササイズをやってみて

久しぶりの担任である私にとって、まず、落ち着いた子どもたちであったことはありがたいことでした。ですから、グループエンカウンターが治療的な目的ではなく、クラスの活性化のために実施できたと思います。

発表や作文、日記など、多面的に、教師は子どもの内面について知ろうと日々努力しています。

グループエンカウンターでの振り返り用紙は、エクササイズで楽しんだ後のリラックスした状態で、短くストレートに書いてあるため、こちらが把握しやすいです。

自分としては反省点も多くあります。

もう少し年間を見通し、計画性をもってエクササイズを行えばよかったと思うことです。二学期は仕事に忙殺されてあまりできませんでした。

最後に、私が思うことは、いくつもある教育相談の手法の中で、グループエンカウンターが、たぶん、最も手軽に取り組めるものではないかな、ということです。

時期や学年に応じたエクササイズのマニュアルどおりに、まずはやってみる。余裕があればクラスの実態に合わせてアレンジしてもよし、慣れてきたらオリジナルを開発するもよし。もちろん、校内、校外での研修に参加して、自分がやってみてからのほうがよいとは思いますが……。

”肩肘張らずにやってみよう“

やってみて、初めていいことも新たな課題も見えてくると思います。

**参考文献**

國分康孝監『エンカウンターで学級が変わる　小学校編』図書文化

2　1年を通した息の長い学級づくり

# 自分をうまく出せない子に自己表現力を育てる

**寺崎幸雄**　てらさきゆきお
千葉市立院内小学校教諭

**こんなときに！**

自己表現できない子ども

■ねらい
友達の前で，自分の考えをはっきりと言えない子どもがいるとき，だれもが何でも言える学級をつくる。

■学年　小４

■時期　１年間

■時間　学活・図工・社会

■集団　学級

★諸富のひとこと

友達に遠慮してか自分を出すことのできない子どもがいる。こんな子どもに上手な自己表現の力を育てたい。本実践はこんな願いから取り組まれてきました。自分を表現する機会を，さまざまなエクササイズを駆使して与えています。１年間の息の長い取り組みの結果，①友達の前で言いたいことが言え②クラスの中で役に立てていることを実感できる子どもが増えていったようです。

**5月**

●自己肯定度テストの実施
クラス全体としては、仲がよく助け合う姿が見られた。しかし、学習や生活の中で自分を表現できない子どもがいた。また自己肯定度テストの結果も「対人関係」や「学校への適応」の肯定度が低い子どもが数名いた。

**6月**

■本校の「エクササイズカリキュラム」を活用して人間関係づくりを行う。
学活…めかくしジョギング
　おなじものな～に
　ハートぴったりだれ(四つの窓)
　色鉛筆忘れちゃった
　ジクソーパズル

**11月**

□子ども祭りの前に自己肯定度テストを実施する。

●話し合いや練習に積極的にかかわれない子どもがいた。

■エンカウンターを通して何でも言える人間関係づくりを行う。
学活…じゃんけんおんぶ
図工…人形とお話をしよう
社会…千葉県何でもランキング

**2月**

●自己肯定度テストの実施
一年間を終え、グループエンカウンターを行うことによって、クラス全体の対人関係や学校への適応の肯定度も上がり、安心して自分の考えが言えるようになってきた。

## なぜやりたかったのか

四月に四年生のクラスを受け持ちました。持ち上がりのクラスだったので子どもたちは仲がよく、全体的には落ちついていました。しかし、一か月余り過ぎると、子どもたちの中に、うまく自己表現できない子どもがいることに気づきました。そこで、自己肯定度テストを行ってみました。

その結果、クラス全体としては、一年間ともに生活した友達なので、互いによい感情をもっていました。しかし、友達に遠慮して自分を出すことのできない子どもや、学級の中で自分の役割に不安をもっている子どもが意外に多いことがわかりました。

とくに、A児は自分に対して自信がなく、【対人関係】でも人に見られることが苦手でした。【学校への適応】でも、自分の思ったことがクラスの友達に言えずにいることがわかりました。実際、休み時間は、友達に誘われないかぎり教室で絵を描いたり、読書したりしていて、自分から積極的に友達とかかわろうとはしませんでした。また、グループ学習においても、友達に指示されて動くことが多く、自分の意見を発言することはほとんどありませんでした。

## だれもが、自分の意見を言えるクラスに

自信をもって友達と接することができるようにするには、互いに存在を認め合い、安心して話すことのできる、クラス全体のあたたかな人間関係をつくり出すことが大切です。

そこで、学級全体やグループの中で個人が活躍できる、構成的グループエンカウンターを学活の時間で行いました。

とくに、A児においては、エクササイズを行うとき、できるだけ個別に支援をして、自信をもって活動に参加できるようにしました。

また、振り返りカードを通して、A児の気持ちを理解し、学習やエクササイズを行うときの

### ■自己肯定度テスト「自分を見つめましょう」

自己肯定度テストは、「一般的自己」「学校場面での自己」「対人（仲間）関係における自己」「家庭場面での自己」の四領域からなります。

もともと平成四年ころ習志野市教育委員会教育相談部からいただき、本校のスクールカウンセラーである中原美恵先生の協力を得て修正しました。

### 自分を見つめてみましょう

＿＿年＿＿組＿＿番　名前＿＿＿＿＿＿＿＿＿＿

| | | | よく あてはまる | あて はまる | あまりあて はまらない | あて はまらない | |
|---|---|---|---|---|---|---|---|
| Ⅰ | | Ⅰ | | | | | |
| ① | わたしは，いまの自分がけっこう好きです。 | ① | 4 | 3 | 2 | 1 | |
| ② | わたしは，いろいろ考えてしまって，すぐに決心することができないほうです。 | ② | 4 | 3 | 2 | 1 | — |
| ③ | わたしは，新しいことになれるのに時間がかかります。 | ③ | 4 | 3 | 2 | 1 | — |
| ④ | わたしは，すぐ人の意見にあわせてしまうほうです。 | ④ | 4 | 3 | 2 | 1 | — |
| ⑤ | わたしは，何かあったときに，自分がどうしていいのかわからなくなってしまうことがよくあります。 | ⑤ | 4 | 3 | 2 | 1 | — |
| ⑥ | わたしは，かっこいいほうだと思います。 | ⑥ | 4 | 3 | 2 | 1 | |
| ⑦ | わたしは，自分の言いたいことを，うまく話すことができます。 | ⑦ | 4 | 3 | 2 | 1 | |
| ⑧ | わたしは，ほかの人にじまんできることがあります。 | ⑧ | 4 | 3 | 2 | 1 | |
| ⑨ | わたしは，みんなといるときより，一人でいるときのほうが楽しいです。 | ⑨ | 4 | 3 | 2 | 1 | — |
| Ⅱ | | Ⅱ | | | | | |
| ① | わたしは，年下の子からけっこう好かれています。 | ① | 4 | 3 | 2 | 1 | |
| ② | わたしは，人に見られていると，とても緊張してしまうことがあります。 | ② | 4 | 3 | 2 | 1 | — |
| ③ | わたしは，友達関係のことでいつまでもなやむことがあります。 | ③ | 4 | 3 | 2 | 1 | — |
| ④ | わたしは，友達とけんかをすると，その後なかなか仲直りができないほうです。 | ④ | 4 | 3 | 2 | 1 | — |
| ⑤ | わたしは，だれにでも元気に「おはよう」とあいさつができます。 | ⑤ | 4 | 3 | 2 | 1 | |
| ⑥ | わたしは，何か失敗した子がいたら，すぐに助けてあげようとします。 | ⑥ | 4 | 3 | 2 | 1 | |
| ⑦ | わたしは，人のいやがることをして，友達をこまらせることがあります。 | ⑦ | 4 | 3 | 2 | 1 | — |
| ⑧ | わたしは，みんなの前で，恥ずかしがらずに演技することができます。 | ⑧ | 4 | 3 | 2 | 1 | |
| ⑨ | わたしは，言いたいことがあっても，なかなか友達に言えないほうです。 | ⑨ | 4 | 3 | 2 | 1 | — |
| Ⅲ | | Ⅲ | | | | | |
| ① | 学校は，楽しいです。 | ① | 4 | 3 | 2 | 1 | |
| ② | わたしは，クラスの中で自分の意見を，けっこう自由に言うことができます。 | ② | 4 | 3 | 2 | 1 | |
| ③ | わたしは，クラスの人達に好かれているほうです。 | ③ | 4 | 3 | 2 | 1 | |
| ④ | クラスの先生は，わたしのよいところを，わかってくれています。 | ④ | 4 | 3 | 2 | 1 | |
| ⑤ | わたしは，クラスの中で役に立つことが，けっこうあります。 | ⑤ | 4 | 3 | 2 | 1 | |
| ⑥ | わたしは，このクラスになってよかったと思います。 | ⑥ | 4 | 3 | 2 | 1 | |
| ⑦ | クラスの先生は，わたしのことを，よくほめてくれます。 | ⑦ | 4 | 3 | 2 | 1 | |
| ⑧ | わたしは，クラスの先生によくしかられることがあります。 | ⑧ | 4 | 3 | 2 | 1 | — |
| ⑨ | クラスの中には，自分のいいところをわかってくれる友達がいます。 | ⑨ | 4 | 3 | 2 | 1 | |
| ⑩ | わたしは，思ったことを気軽に先生に言うことができます。 | ⑩ | 4 | 3 | 2 | 1 | |
| Ⅳ | | Ⅳ | | | | | |
| ① | わたしは，家ですぐ腹を立てます。 | ① | 4 | 3 | 2 | 1 | — |
| ② | 親は，わたしの気持ちをわかってくれます。 | ② | 4 | 3 | 2 | 1 | |
| ③ | わたしは，家を出たいと思うことがあります。 | ③ | 4 | 3 | 2 | 1 | — |
| ④ | 親は，わたしにいろいろうるさく言います。 | ④ | 4 | 3 | 2 | 1 | — |
| ⑤ | 思ったことを，何でも家の人に話すことができます。 | ⑤ | 4 | 3 | 2 | 1 | |
| ⑥ | 親は，自分のことばかりおこります。 | ⑥ | 4 | 3 | 2 | 1 | — |
| ⑦ | 親は，自分のことを，かわいがって（大事にして）くれます。 | ⑦ | 4 | 3 | 2 | 1 | |

参考にしました。

## 教科や道徳の中で

学級活動の時間は限られており、エンカウンターばかりを行っていくことはできません。そこで、教科学習や道徳の中で、エンカウンターの手法を生かした活動を行い、教科のねらいに迫るとともに、よりよい人間関係を築くことにしました。

（例）社会…何でもランキング
　体育…じゃんけんおんぶ　人間ブリッジ
　図工…人形と話をしよう
　道徳…忘れえぬ人

## めかくしジョギング

学年の初めに、思いやりと信頼感を感覚的に受けとめ、互いに認め合える関係をつくりたいと考え「めかくしジョギング」と取り組みました。

まず「ジャンケンおんぶ」をして楽しい雰囲気をつくります。

次にグループに分かれて「めかくしジョギング」を始めます。

教師「みんな目かくしをして歩けますか。だれか、一人やってくれますか。まっすぐに歩くだけでいいです」

子ども「真っ暗だ。怖くて歩けない無理だよ」

教師「今日は、目かくしをしてジョギングするというゲームをします。友達の声や拍手がたよりだよ」と詳しい説明をします。

教師「それでは、始めるよ。どうすれば○○さんが上手に歩けるか。よく考えて応援してね。競争ではないからね」

子ども「わあ、何も見えない○○君は、どこにいるの」

子ども「そうだ。右・左を間違えないように」

子ども「右右。前前。ちょっと戻って」

子ども「あっ違う、違う。ゆっくりゆっくりがんばって。拍手のするほうだよ。パチパチパチ」

教師「あと一メートル。○○さん声を出して呼んであげて、みんなは静かにして」

子ども「やったあ　たどりついた。思ったより早くつけたなあ。みんなの声で助かった」

こうしてグループ全員が行います。

教師「今度は、クラスで一つの大きな円をつくってやってみよう。大きな円になるから大変だよ。心を一つにしてがんばろう。できるかな？」

こう言って準備をして始めます。ところが今度はなかなか行きつくことができません。

子ども「いろいろな声がして、よくわからない。もっとはっきり言って」

教師「どうすればいいか。みんなで考えてみよう」

子ども「そうだ、何人かだけ、声を出して、あとは拍手をしよう」

子ども「目標の○○さんの周りの人だけ声を出して、あとの人は、間違って向かってきたら、右とか左とか言おう」

教師「さあ、時間切れ、始めるよ。今度はうまくいくかな」

こうして再びゲームを始めます。成功してみんなで拍手し合うようになりました。

さて、振り返り表に書き込み、発表します。

全員が楽しかったと答え、ほとんどの子どもが声を出して応援できていました。

A児も少しではあるが、声を出して友達を助けることができました。また、目かくしをしたときは、初めは怖がっていましたが、友達の声によって恐怖心がなくなり、最後までたどり着くことができました。このエクササイズによって、感覚的に信頼しあう経験をすることができました。

## 人形になって話をしよう（図工）

二学期。図工の時間に作った人形に、名前をつけて紹介することで、一人一人の個性を発揮し、みんなで認め合えるように取り組みました。

まず図工の学習で自分と等身大の人形（顔や服装は自由）を作ります。そして前日のうちにプリントを渡して書き込ませておきます。

「それでは、みんなが作った人形の発表会をします。何という名前で何人兄弟なのか、とっ

顔は段ボールに自由に毛糸・色紙・ボタンなどを付けて作る。

顔の後ろに，ハンガーを取り付ける。

ハンガーに上着を着せ，ズボン（スカート）を安全ピン等でくっつける。

ても楽しみです。聞いている人で、もし、人形に質問があったら手をあげて質問してください」と教師が伝え、一人ずつ人形を持って発表します。

このように発表が続きます。「僕の名前は、へんだーです。年齢は十歳です。生まれは、北海道です。なぜ、へんだーかというと、へんだーというのが口癖です。得意は、算数です。でもほとんど間違いです。夢はいつかわかったー君になりたいです。へんだー」。すると「北海道のどこですか」と質問が出て、

「山の奥の奥です。へんだー」と答えます。

次の子です。

「俺は、遠い星から来たピカピカだ。もう地球に来て、千年になる。昔は、きれいで住みやすかったが、いまは汚くて嫌になってきた。そろそろ帰りたいな」。「なぜ、千年も生きていられるのですか」「そんなことわからん。何となく生きている」。

一人の時間は二分。いいテンポで進みます。

「私は、アメリカからきたジュリーです。兄弟は三人で、私は末っ子です。私の夢は、芸能界に入って歌手になることです」。「歌を歌ってください」。

「だんご、だんご……」（だんご三兄弟を歌う）。

さて、A児の番がきました。

「私は、ミミと言います。私のお姉さんは、このクラスの○○です。いつもけんかばかりしています。私の夢は、お姉さんと同じで幼稚園の先生になることです」。「けんかは、どっちが勝ちますか」

という質問に、

「もちろん、お姉さんです」となごやかに進みました。

全員が終わり振り返り表に書きこみます。

「人の前で、話をするのは苦手だけれど、今日は楽しかった。もうちょっと、いろいろと考えてくればよかった。○○君と○○君の発表は、とても楽しかった」など、クラスの全員が楽しかったと答えていました。

この時間を振り返ってみると、子どもたちは、図工の時間に一生懸命作った等身大の人形に名前をつけ、楽しそうに発表しました。内容や発表の方法は、どれもユニークでほほえましいものでした。聞くほうも、静かに聞き、互いの個性を尊重し合うことができました。

発表が苦手なA児にとっては、初めは気が乗らないようでしたが、名前のつけ方や発表の仕方について、個別に支援をし、前向きになるようにしました。発表はやや声が小さかったが、しっかりとした態度でできました。

### 千葉県何でもランキング

五月初めからのエンカウンターによって、子どもたちは、自分の考えをみんなの前でだいぶ言えるようになってきました。A児も学年初めに比べると、人前で話したり、友達と休み時間に遊んだりすることが多くなりました。しかし、子ども祭りの計画をするときに自分の考えを言わず、友達に任せている子どもがいました。そこで、学習の場面において、自分の意見を話す経験を積むことによって、自信をもって自分の考えを言えるようにしたいと思いました。

学習そのものだと、緊張してしまうことが考

えられたので、エンカウンターの手法を用いて、楽しみながら行うことにしました。

　まず、「自分の考えでランキングを始めてください。時間は二分間です」として始めます。子どもたちは二分間でランキングすることはできましたが、「とても理由が書けない」と不満の声を上げました。

　そこで「それでは、あと一分だけ延ばします」と延長すると、半数くらいの子どもが書き終えないか、または理由が見つからなくて、結局、発表まで五分程度かかりました。

　さて、グループごとの発表です。

「それでは、発表を始めます。○○さんからお願いします。時間は、次の人が計ってください」。

「僕は、四つの中で、一番は成田空港です。日本に一つしかない国際空港で、たくさんの外国の人が日本にやってくるときに使うからです。それに飛行機はかっこいいから。次がディズニーランドです。なんと言っても、みんなに人気があるし、とっても楽しい所です。僕は、スプラッシュマウンテンが大好きです。三番目は、千葉港です。千葉港は広いけれど、やっぱり船より飛行機のほうがいいです。最後はアカデミアパークです。よくわからないからです」。

「私は、○○君と同じでディズニーランドです。いつも人がいっぱいで、日本でいちばん大きい遊園地だからです。それにミッキーマウス

## 千葉県何でもランキング　指導案

［ねらい］・千葉県について自由にランキングをして，その理由を説明することができる。
・意見を聞き合うことで，お互いにもっと知り合えるようにする。
・社会科で学習した千葉県のことについての知識を深める。

| | 子どもの学習活動 | 教師の支援および留意点 |
|---|---|---|
| 導入 | 1．今日の学習のねらいについて知る。<br>＜ねらい＞<br>4年生になって学習した千葉県のことについて，自由にランキングして，グループで発表し合う。 | ・社会科の勉強というより，ランキングゲームであることを伝え，自由に何でも発表してよいことを伝える。 |
| 展開 | 1．グループをつくる。（4人）<br>2．千葉県何でもランキングのやり方とルールを知る。<br>＜やり方＞<br>①プリントにある3つの事柄を自分の考えでランキングする。<br>・千葉県で自慢できるところはどこですか。<br>・千葉県のどこに住みたいですか。<br>・千葉県がこれから発展するために，何を盛んにすればよいですか。<br>②ランキングした理由をプリントに書く。<br>③一人ずつ発表していく。<br>＜ルール＞<br>①ランキングして説明を書く時間は，2分間とする。<br>②一人の発表時間は2分を超えない。<br>③静かに聞く。<br>④友達の意見に反対したり，質問したりしない。<br>⑤ランキングは，必ず1位から4位まで行う。<br>3．千葉県何でもランキングを行う。 | ・用意するもの<br>ランキングするプリント　鉛筆　教科書　副読本　社会科ノート　ストップウォッチ<br>・グループは，生活班として4人以内で構成するようにする。<br>・とくに話し合いを進めるリーダーは決めないが，なかなか進まないグループは，班長が中心になるように助言する。<br>・学習した内容を，教科書などで確認しながら，プリントに書き込んでもよいことにする。<br>・ランキングの説明は，いままでに学習したこと，自分の経験など，何でもよいことを伝え，考えすぎないように助言する。<br>・話をする時間は2分間とし，時計係を決めて守るようにする。 |
| 終末 | 4．振り返りをする。 | ・振り返りカードを用意しておき，数名に感想を発表させる。<br>・よかった友達についても発表させる。 |

［評価］・千葉県のことについて，ランキングしたことを友達の前で発表できたか。
・自分の考えを伝え合うことで，互いを認め合うことができたか。
・千葉県についての知識や興味関心が深まったか。

やドナルドダックはかわいいし、キャラクターもいっぱい売れているから。次はアカデミアパークです。なんかむずかしいけれど、いろいろな研究をしていていいと思います。次は、千葉港です。三年生のときに勉強して、確か日本一だったから。四番目は成田空港です。行ったことがないし、まだ、飛行機に乗ったことがないから」。

振り返りでのA児の言葉が印象的でした。

「初めは、むずかしかったが、社会の勉強ではないみたいで楽しかった。いろんな考えがあるんだなと思った」

## やり終えて

本時を振り返ると、事前に何も知らせていなかったため、子どもたちは、教科書などで調べ始め、思ったより時間がかかりました。一時間で終わるところが、二時間近くかかりました。中には、ランキングはできても、知識が不足しているため、理由が言えない子どももいました。教科書を使って支援したのが、時間のかかる要因でもありました。

全体的には、自分なりのランキングと理由（事実と反していることも多少はあったが）をしっかりと話していました。できれば、学習に関係のない、もっと簡単なランキングゲームを行ってからのほうが有効でした。

A児は、三分では理由を書き終えないことが多かったが、プリントを見ながら、何とか自分の言葉でランキングの発表をしていました。同じグループの子どもたちも、A児の考えを静かに聞いていました。

## 一年を通して

二月に行った肯定度テストの結果を見ると、クラス全体としては、【対人関係】【学校への適応】の数値が上がっています。とくに、「友達の前で言いたいことが言える」「クラスで役立っている」の項目が上昇しています。これは、エンカウンターを計画的に行った成果です。

また、A児はいくつかのエクササイズのなかで、自分の考えをすすんで話す場面や、友達と協力して活動している姿を見ることができました。自己肯定度テストを見ても、すべての項目で上昇しています。五月のときよりも、自信をもって友だちとかかわりをもてるようになりました。

三月の初めの「六年生を送る会」では、子どもたちは、グループ内で助け合いながら、世界のダンスを考え、踊りました。A児も自分の意見を出して、ダンスづくりに積極的にかかわりました。また、当日は全校の前で、笑顔いっぱいに素晴らしいダンスを踊りました。

エンウンターは、即効性のあるものではありません。エクササイズを根気よく行い、クラスの人間関係を、少しずつよい方向に向けていくことが大切です。そして、すべての場面で、互いに安心してかかわれる人間関係ができればよいと思います。

**編集スタッフのひとこと**

数多いエンカウンターのエクササイズの中でも、何度も紹介されるものがあります。それだけ教師が実践しやすく、子どもたちの実態にあっているものと言えるでしょう。例えば次のようなエクササイズです。

・たんていごっこ
・Xさんからの手紙
・よいとこさがし

本書の実践例を見てみると、これらのエクササイズにアレンジを加え、それぞれが工夫して個性をもたせていることがわかります。アレンジの観点は次のとおりです。

・ワークシートを工夫する
・場を工夫する
・ウォーミングアップを工夫する

【萩原美津枝】

2　1年を通した息の長い学級づくり

# クラスがえの後の協力し合えるクラスづくり

水田美智子　みずたみちこ
千葉市立宮崎小学校教諭

**こんなときに！**

クラスがえをしたとき

**■ねらい**
互いのよさを見つけ合ったり，互いに助け合ったりする体験を通して，友達とのあたたかい人間関係を築く。

**■学年**　小３
**■時期**　１・２学期
**■時間**　学活・道徳・体育
**■集団**　学級

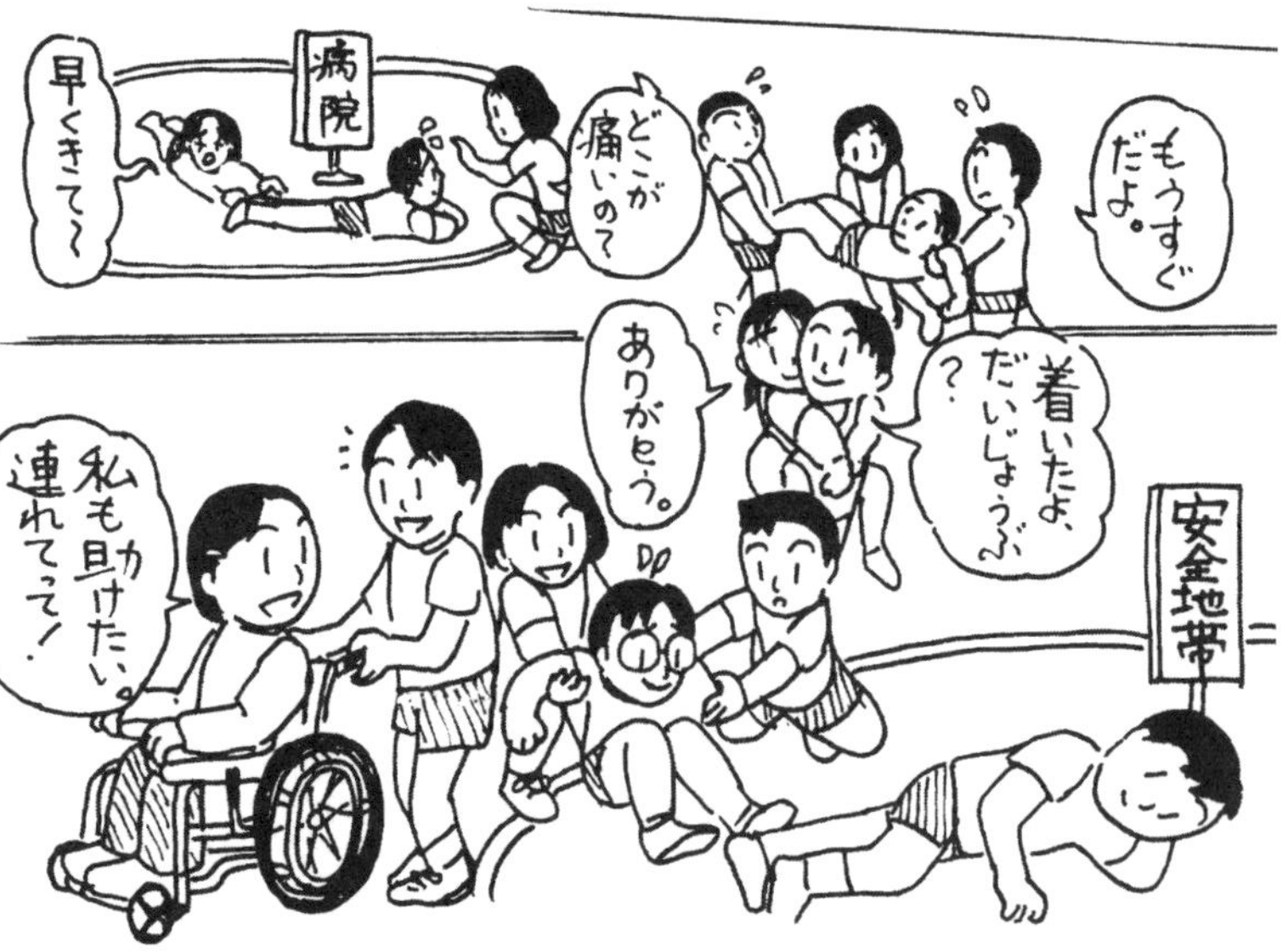


**★諸富のひとこと**
クラスがえ後の「遊ぼう」と言い出せない気まずい雰囲気。安心して自分を出せるクラスにしたいというのが担任共通の願いです。この実践では，①相互理解，②相互に肯定的にフィードバック，③相互協力，という流れでエクササイズを展開することにより，安心して自分を出すことができ，お互いに助け合えるクラスをつくることができています。車いすのＡちゃんに着目したのも成功のポイントですね。

4月 → 9月 → 12月

●明るく元気な反面、他の友達と積極的にかかわりをもてないでいる子どもが多い。
●車イスの「Ａちゃん」がクラスにやってきたが、積極的に話しかけることができず、そっと見ている。

■友達のことを知る
・たんていごっこ
・なんでもバスケット
・カムオン
・ハートぴったり
・進化ジャンケン

■互いのよさに気づく
・いいとこさがし
・聖徳太子ゲーム
・自分への手紙

■認め合い助け合う
・それ行け、レスキュー隊
・私はわたしよ
・共同絵画

□朝の会
「日直のスピーチ」
日直が、好きな本、好きな人などについて話し、互いの理解を深める。

□帰りの会
「今日のヒーロー」
よい行いをしたことを発表し、互いのよさを認め合う。

□目あてに向かってがんばろう
目あてを決めて、それに向かって毎日がんばり、自分の成長を自覚する。

□Ａちゃんの秘密を見つけよう
Ａちゃんと話して、Ａちゃんの好きなことなどを知り、仲よくなる。

●男女仲よく、大きなグループで遊ぶようになった。
●やさしい声かけや、友達同士助け合う姿が多く見られるようになった。
●Ａちゃんとも仲よくなり、いろいろな子どもが車イスを押すようになった。また、Ａちゃんも伸び伸びと過ごすようになってきた。

## なぜやりたかったのか

四月、初めてのクラスがえでどの子どもも緊張気味でした。休み時間になって友達と遊びたくても、なかなか「遊ぼう」と言えなかったり、自分の間違いを素直に認めることができなかったり、相手の話を聞かず、自分のことばかり主張してしまったりする子どもたちが多く見られました。

そこで、子どもたちが互いを深く知り、安心して、ありのままの自分を学級の中で出すことができるようにしたいと考えました。朝の会や帰りの会で、友達のことを理解したり、よい行いを認め合ったりすることと合わせて、エンカウンターのエクササイズを取り入れていくことにしました。おもに、リレーションづくりのエクササイズをいくつか行い、子どもたちも少しずつ仲よくなってきました。

そんなころ、養護学校から、車イスの「Aちゃん」が来ることになりました。子どもたちはAちゃんが来るのを楽しみにしていました。

私は、自然にAちゃんと仲よくなっていくことができるだろうと考え、とくに何も手立てはしませんでした。

ところが、いざ、Aちゃんが来ると、話しかけたり車イスを押したりするのは、前からAちゃんを知っている子どもたちでした。そのほかの子どもたちは、気にはしているようですが、そっと見ているか、無視しているかでした。四月初めのころのように、友達とかかわり方のわからない子どもたちがそこにいました。

そこで、Aちゃんと一緒になってエクササイズを行うことにしました。また、それと同時に「Aちゃんの秘密を見つけよう」というような課題を出すことにしました。

## 友達の輪を広げる

学活の時間に「たんていごっこ」や「なんでもバスケット」を行いました。

「○○さんが水泳を習っているなんて初めて知った」「○○さんが腹巻きをして寝ていることを知ってびっくりした」など、友達のことを理解したり、同じところを見つけたりすることに喜びを感じているようでした。

次に、体育の時間に、ふれあったり、一緒に声を出したりするエクササイズを行いました。

「カムオン」では、Aちゃんも一緒に大きな声を出してジャンケンをしたり、友達を呼んだりしていました。車イスも、びっくりするぐらいのスピードで押していたのですが、Aちゃんも子どもたちも楽しそうでした。子どもたちの心がぐっと近づいたようでした。

そして、「ハートぴったり」では、季節、色、動物などをテーマに四つの窓から好きなものを選んでグループをつくり、その理由を話し合いました。

---

### ■たんていごっこ

・ジャンケンをして勝ったら一つ質問をし、ワークシートの条件に該当する人を見つける。
・見つけたら名前を書き込む。
・全部の質問にそれぞれあてはまる人を見つけることができるかな?

### ■カムオン

・十人程度のチームをつくる。
・ジャンケンのいちばん強い人を王様とする。
・チームごとに、一人ずつ順番で王様の所に走っていってジャンケンをする。
・挑戦者が勝ったとき、王様の後ろを回って自分の列に戻り、次の人にバトンタッチする。
・挑戦者が負けたとき、その場でチームメイトを「カムオン」と呼ぶ。呼ばれたチームメイトは、一列に並んだまま挑戦者とともに王様の回りを回ってもとの所に戻る。挑戦者は王様に勝てるまで何回でもこれを繰り返す。
・早く全員が終了したチームの勝ち。

「あっ、また同じグループだ」「いつも遊んでいるのに、好きな季節は違うんだね」という声が多く出てきました。理由を聞くときも、「僕と同じだ。夏はやっぱり水泳が楽しみだよね」と、会話が弾んでいました。

### 互いのよさに気づく

二学期になり、友達と力を合わせて学習する機会が増えてきました。そこで「いいとこさがし」のエクササイズを行いました。

「いまから友達のいいとこさがしをしてカードに書きましょう。違うグループの人たちのカードを渡しますから、知恵を絞って友達のいいところを見つけてください」と言うと、「え、みんな書くの？」「どんなことを書けばいいの？」と聞くので、初めに、よいところとはどんなところか話し合うことにしました。

「走るのが速い」「やさしい」「縄跳びが上手」などいろいろなよいところが出てきました。子どもたちは「それならいっぱい見つかるよ」と言うので、いいとこさがしをスタートしました。見つからないときは、グループの友達と相談しながら見つけていきました。

最後に、友達に書いてもらった自分のよいところを見るときには、どの子どももとてもうれしそうでした。感想には、「友達がわたしのよいところをこんなに知っていてくれたなんて、とてもうれしかった」「もっと友達のよいところを

## それ行け，レスキュー隊　指導案

［ねらい］・助けたり助けられたりする体験を通して，友達に対する思いやりの気持ちと信頼する気持ちをもつ。
・友達とふれあうことで，友人関係を深める。

| | 児童の学習活動 | 教師の支援および留意点 |
|---|---|---|
| 導入 | 1．ウォーミングアップをする。<br>・「おんぶおばけ」のゲームをする。<br>・３つのグループに分かれて座る。 | ・導入のエクササイズで身体接触の抵抗を少なくし，雰囲気づくりをする。<br>・３つのグループが，ほぼ同数になるようにする。 |
| 展開 | 2．「それ行け，レスキュー隊」をする。<br>○ゲームの説明を聞く。<br>◇ヘルメットはレスキュー隊，白帽子は患者さん，３つ目のグループは「見る人」になる。病院が火事になったので，レスキュー隊が助けに行くことになったという設定で、力を合わせて，安全地帯に患者さんを運ぶ。<br>○ゲームをする。<br>・レスキュー隊は，安全地帯に患者さんを運ぶ。<br>・役割を交換して何回か行う。<br>・振り返りカードに書く。 | ・レスキュー隊の説明をする。<br>・病院の様子，火事の様子を話し合い，場面のイメージをはっきりともつことができるようにする。<br>・安全第一，相手が病人であることを意識させる。<br>・レスキュー隊は，安全に運ぶ方法を，病人になった子どもたちは，どこが病気なのかを考えたり話し合ったりして，それぞれの役になりきって演じることができるようにする。<br>・すべての役割を体験できるようにする。<br>・１回のゲームが終わるごとに感じたことを話し合うことにより，子どもたちの考えを広げていく。 |
| 終末 | 3．ゲームをしてみて，感じたことや気づいたことを話し合う。<br>・運んだとき，運ばれたとき，友達を待っているときの気持ちを発表する。 | ・友達の発表を聞き，相手の気持ちを考えることができたか，友達のやさしさを感じることができたかを振り返らせる。 |

［評価］・友達をやさしく運ぶことができたか。
・友達と協力して，友達を助けることができたか。

見つけたい」とありました。

## 認め合い助け合う

さらに友達との関係を深めていきたいと考え、互いに助け合う「それ行け、レスキュー隊」のエクササイズを行うことにしました。

「レスキュー隊」「患者」「見る人」の三つのグループに分かれて、役割を交代しながら行いました。

一回目、レスキュー隊の子どもたちは、「それっ、急げ」と患者の友達をおぶって安全地帯まで運んでいきました。患者の具合を心配したり、気をつけて運ぶ子どもはあまりいませんでした。活動しながら笑い声も聞こえました。火事の病院の様子をしっかり理解していなかったのです。

そこで、一回目が終わったとき、「友達を運んでいるとき、どんなことに気をつけましたか」「患者さんは安全地帯に着いたとき、どんな気持ちになりましたか」「見ていた人はどんなことを感じましたか」など、話し合いました。

子どもたちは、「早く安全地帯に運ぼうと思った」「手をけがしていたのに、引っ張られて痛かった」「安全地帯に着いたとき乱暴に降ろしていて、痛くないのかなと思った」などと感想を述べました。ようやく患者なのだから、やさしく助けなければいけないということに気づいたようです。

「大切な命を運ぶのですから、レスキュー隊の人は、みんなで協力して、そっと安全地帯まで運んであげてください。急ぐことより、安全に運ぶことを大事にしてくださいね」と、もう一度、安全第一であることを確認しました。

二回目からは少しずつ、友達と助け合って患者の友達を運んだり、「がんばって」「大丈夫」と、声をかけるようになっていきました。

Aちゃんもレスキュー隊役のときには、何とか患者を助けようとして、車イスを押している友達に「近くまで行って」と頼んでいました。しかし、手を貸して患者を助けることはできませんでした。振り返りでは、「わたしも助けたかった」と感想を話しました。

「患者さんを、がんばってと励ましてね」「どこが病気なのか聞いてね」と、Aちゃんにどんな役割ができるか、一緒に考えたりアドバイスしたりすることが必要だったと思います。

このエクササイズは、「レスキュー隊」と「患者」の役割になりきることができるように、レスキュー隊の仕事や、火事になったときの病院の様子、患者の様子などをしっかりと理解させてから行うことが大切だと感じました。

この後、「私はわたしよ」を行いました。このエクササイズを子どもたちは大好きになりました。相手の思いがけない面を知ることによって、互いに親しみが増したようです。

「みんなのことで知らないことがいっぱいあった。まだまだあるのかなと思った」や、「みんなのことがいままでよりたくさんわかって、楽しかった」という感想が多く書かれていました。

## その後の子どもたち

互いを理解したり、互いのよさに気づいたり、助け合ったりするエクササイズを繰り返し行ってきたことによって、友達の中で、自分を伸び伸びと表現できる子どもが増えてきたように感じました。

一学期は、自分から友達に「遊ぼう」と言えなかった子どもたちも、しだいに大勢の仲間と遊ぶようになりました。

また、「大丈夫」「僕が手伝うよ」といったやさしい声かけが増え、仲よく助け合う姿が多く見られるようになりました。

そして、Aちゃんに対しても、「車イスを押そうか」と声をかけたり、Aちゃんも、「パンを半分にしてください」と頼んだりすることができるようになりました。

計画的にエクササイズを組み合わせて行ってきたことによって、友達とのあたたかい人間関係を築いていくことができたのではないかと思います。

**引用文献**

國分康孝監『エンカウンターで学級が変わる　小学校　1・2』図書文化

2　1年を通した息の長い学級づくり

# けんかが多くて まとまりのない学級で

**西村幸子** にしむらさちこ
千葉市立稲毛第二小学校教諭

**こんなときに！**
集団としての機能が薄いとき

■**ねらい**
学級目標を核とし，いくつかのエクササイズを組み合わせて好ましい人間関係づくりをし，集団の機能を高める。

■**学年**　小5
■**時期**　1年間
■**時間**　学活
■**集団**　学級

**★諸富のひとこと**
けんかが絶えず，まとまりのない小学校5年生のクラス。本実践はこうしたクラスの再生にエンカウンター，学校行事，席がえ等の工夫によって取り組んだものです。成功のポイントの1つは，学級目標をクラス全員によるしっかりとした話し合いで決め，1年間，教師も子どもも常に学級目標を意識しながら取り組んだ点にあります。
学級目標の重要性をあらためて見直したいものです。

**4月**
●けんかが多く、学級としてのまとまりが薄い。
●学級雰囲気調査で「乱暴・きまりを守らない・さわがしい」が高得点
□学級づくり
・朝の会…日直の話は、新聞から取材した原稿を作って発表し、広い視野を養う。
・学校・学級行事は実行委員制で自主性・協力性を培う。
・席替えは月一回実施し、男女混合で全員と組む。
・帰りの会…「困ったこと」を出し合い話し合う。
・一日を振り返り、毎日五分間日記を書く。

**5月**
■自分のエゴグラムパターンをさがせ　パート1

**6月**
■いいとこさがし

●自己主張の弱い子どもが、自分の意見をみんなの前で言えたり、聞き合うことができるようになってきた。男女の隔てなくグループで助け合う姿が増えてきた。

**9月**
■あなたはレポーター

**10月**
■成功物語

●行事や学習の反省のとき、子どもたちから「学級目標に近づいたね」という声が出るようになった。自己中心的な行動が多かった子どもも、自分でコントロールしようとするようになった。

**1月**
■自分のエゴグラムパターンをさがせ　パート2

**2月**
■わたしがしたい20のこと

●けんかがなくなり、問題が発生すると話し合って解決するようになった。
●自己評価による実践力調査では、「表現力・役割の自覚・責任感」の順に伸びた。相互評価でも、全員がどの項目かに選択されている。
●学級雰囲気調査もプラスに変容した。

### なぜやりたかったのか

一年生から、二十人に満たない単学級で四年間生活し、五年目を迎えた学級です。自己表現の上手でない子ども、強すぎる子どももいて、学級としてのまとまりに弱さが見られました。

一見、実に明るく元気な子どもたちですが、長年培われた友達関係はややもすると固定化され、排他的になりがちで、友達の見方にも柔軟性が欠けがちです。まだ、自己中心性が残り、相手の気持ちを考えずに行動するため、ときどきけんかやいじめが発生し、傷つけ合うこともありました。

それらをなくすには、お互いのことを深く知り合うことが大切であり、友達の輪を広げ、だれもが安心して生活し、それぞれのよさが発揮でき、お互いに高め合える学級をつくりたいと考えました。

まずは、学級目標の決定から始めました。

### 学級目標づくりから

学級づくりの核を学級目標に置き、年度当初に全員で話し合いました。

初めに出たのが「けんかをしない」であったのには驚きました。話し合いの途中、「あいさつをしよう」が多数決で決まりかけましたが、「すぐに達成できそうなものではなく、五年生の最後にはどんなクラスになりたいかを考えて決めるといいね」と助言しました。

最後にはいろいろな意見を総合して考えるようになり、「協力すればけんかもなくなるし、あいさつをすれば明るい学級にもなるなあ」と納得する声があがって、学級目標として【協力し合って明るい学級にしよう】が決まりました。

私は「いつもこの目標を忘れず、生活を振り返るときは学級目標が達成されているかを基準にしよう」と投げかけました。

そして、子どもたちにつけたい力を①自分を知り、友達のよさに気づく、②友達の輪を広げ、本音で付き合える雰囲気をつくる、③互いに高め合い、自己・学級の目標が達成できるにしぼり、年間を見通して、各学期二回ずつそれにみあったエクササイズを取り入れることにしました。

### 自分を知り、友達のよさに気づく

学活の時間に「自分のエゴグラムパターンをさがせ」「いいとこさがし」を実施しました。

子どもたちは自分のエゴグラムの型を見て、「思ったとおりだ」「こんな私がわかるなんてなんだか変な感じだ。でも楽しい」とか、また、アドバイス表を見て「全体のことを考えてもっとよい自分にしたい」「CP（強い心）がゼロなので上げたい」という感想を述べました。

このエクササイズでは、いままで漠然としていた自分について新しい発見があり、どんな自

---

#### ■自分のエゴグラムパターンを探せ

**(1)進めかた**

・心の状態を測るための質問紙に答え、得点をもとに自分のエゴグラムを作成する。
・自分のエゴグラムが見本のどのエゴグラムパターンと似ているかさがす。そこに書かれたアドバイスを読む。
・アドバイス表を参考に、これからの自分の目標を考える。

**(2)解説**

エゴグラムとは心の状態をグラフにしたもの。心を五つの要素に分けて、それらのバランスからいまの自分の心の状態を判断する。子どもたちには五つの心の要素を次のように説明している。

CP…強い心、NP…やさしい心、A…よく考える心、FC…自由な心、AC…素直な心

**(3)参考図書**

・エクササイズの進め方については、『エンカウンターで学級が変わる　中学校Ⅰ』から「自分探し」一七二ページ
・エゴグラムの質問紙については、『東大式エゴグラム』金子書房

#### ■いいとこさがし

・友達のよいところを一週間観察し、全員の短冊に記入する。
・それぞれに配る。
・書いてもらった内容を一覧表にして、感想を書く。

分になりたいかの目標をもてるようになります。他人から指摘された自分の欠点を素直に受け入れて、修正することはなかなかむずかしいものですが、自分で気づき、努力点を見つけて実行するのは抵抗が少ないものです。説教や押しつけではなく、自らの気づきから自己理解を深め、自己の成長目標を定めるのに役立ちました。

また、「いいとこさがし」では、観察期間を一週間とったにもかかわらず、異性のことを書くのに苦労したという反省が多く出て、新たな問題提起となりました。

「なぜ男子は女子を、女子は男子のことが書けないのだろう」という問に、「いつも遊んでいないからだ」「今度からは男女の関係なく、勉強したり遊んだり協力しないといけないね」と子どもたちは気づいていきました。

**友達の輪を広げ本音で付き合える雰囲気を**

二学期になると、自己主張の弱い子どもも少しずつ自分のことが言えるようになり、互いに聞き合う雰囲気ができてきました。そこで、これまでを振り返り、自分が誇りに感じていることを伝え合うエクササイズ「成功物語」をすることにしました。

一週間、自分のことを取材する期間をとりました。そのなかで、「頭で覚えていることは少ないが写真を見るとけっこうある」「昔の自分に戻りたくなる」「こういうことがあったんだ

## 成功物語　指導案

［ねらい］・自分がこれまでの体験で成功したと思えることがらや，心に残る思い出を通して，自分に対して自信をもつ。
・友達の発表したことを素直に受けとめ，尊重する。

| 過程 時配 | 児童の活動と内容 | 教師の働きかけ | 指導上の留意点 |
|---|---|---|---|
| 導入 5分 | 1．ウォーミングアップをする。<br>・「わたしはだれでしょう」 | ・友達のことをよく考え，しっかり聞くようにさせる。 | ・楽しい雰囲気が醸し出せるように配慮する。 |
| 展開 25分 | 2．伝え合うエクササイズ「成功物語」をする。<br>①グループの中で発表し合う。<br>・発表の順番を決める。<br>・1つをとくに詳しく発表する。<br>・グループの代表を決め，その理由を発表できるよう話し合う。<br>②グループの代表が発表する。<br>・書いたもの全部をＯＨＰに写し，その中の1つを説明する。<br>・質疑応答をする。 | ・1人3分間とし，司会者がスムーズに進行できるよう支援する。<br>・質問にはなるべく答えるが，どうしても答えたくないものは答えなくてもよいことを伝える。<br>・代表になったわけをグループの人が説明してから発表させる。 | ・A男が，他の人の発表を素直に受けとめていないときは，自分だったらどうしてほしいかを考えさせ傾聴を促す。<br>・B男は，班のみんなにわかるように，はきはきと発表できるように助言する。 |
| 終末 15分 | 3．振り返りをする。<br>・振り返りカードに記入し，発表し合う。 | ・友達の成功体験で心に残ったこと，自分の体験をはっきり伝えられたか発表をよく聞けたか，新しい発見，心に残ったこと，気づいたことを書かせる。 | ・振り返りカードのとくに，④を中心に話し合うようにし，本音が出せるように気をつける。<br>・C子のことを書いている子どもを意図的に指名する。C子の気持ちにもふれ，自信につなげたい。 |

なあとなつかしくなった」という声が聞こえました。

また、友達の発表を聞いての感想には、

「いままでわからなかったことがわかってよかった」

「写真の多い人がいたり、ビデオで発表したり、人によって発表の仕方が違う」

「みんなが違う体験をしたんだなあ」

「○○君の『感謝したい』という言葉がすごいと思った」

「ぼくたちの思い出は花のようだ」

など、自分のことがわかってもらえた喜びや、友達のことがわかったうれしさが書かれていました。それぞれのよさに気づき、互いに認め合うことができました。

授業の最後には

「代表の発表だけではなく、全員のも知りたい」

という声も上がりました。やっと安心して本音を出し合える雰囲気が出てきました。さらに、

「これで学級目標に近づいたかなあと思った」

との感想も出ました。

このエクササイズは自己理解・他者理解に大きく役立ちました。

「成功物語」振り返りカード

5年　　名前（　　　　　　　）

1．自分のことをはっきり伝えられましたか？

| とても | かなり | ふつう | 少し | ぜんぜん |
| --- | --- | --- | --- | --- |
| 1 | 2 | 3 | 4 | 5 |

2．友達の発表をよく聞けましたか？

| とても | かなり | ふつう | 少し | ぜんぜん |
| --- | --- | --- | --- | --- |
| 1 | 2 | 3 | 4 | 5 |

3．友達の発表で　心に残ったこと・新しい発見があったら，書きましょう。

4．自分の楽しい思い出を調べて，どう思いましたか？

5．この学習で気づいたことを書きましょう。

## 互いに高め合い、目標を達成する

五月に続き、一月にも「自分のエゴグラムパターンをさがせパート2」を行いました。これには、次の二つのねらいがありました。

・エゴグラムパターンを5月と比べ、いままでの生活を振り返り、さらに、次の目標を見いだす。

・みんなから見た自分を教えてもらう。

Iさんはエゴグラムパターンの全体のエネルギーが、五月よりぐんと上がっています。ゼロだったCPも一〇になりました。本人は「やることをやり通し、はっきりと言いたいことを言い、明るくしようと努力しました」と述べました。

S君が「Iさんは発表のとき、声が大きくなったね」と言うと、みんなもうなずきました。

## 変わったよ！

「エゴグラム」を五月と一月に実施したことは、子どもたちの自己理解に役立ちました。また「いいとこさがし」は、帰りの会での「よかったこと」の発表とも関連し、他者理解につながり、受容的な雰囲気の醸成ができました。

さらに二学期に実施した「成功物語」では、揶揄することなく本音で発表し、聞き合うことができました。

このような子ども個人や学級の変容は、教師

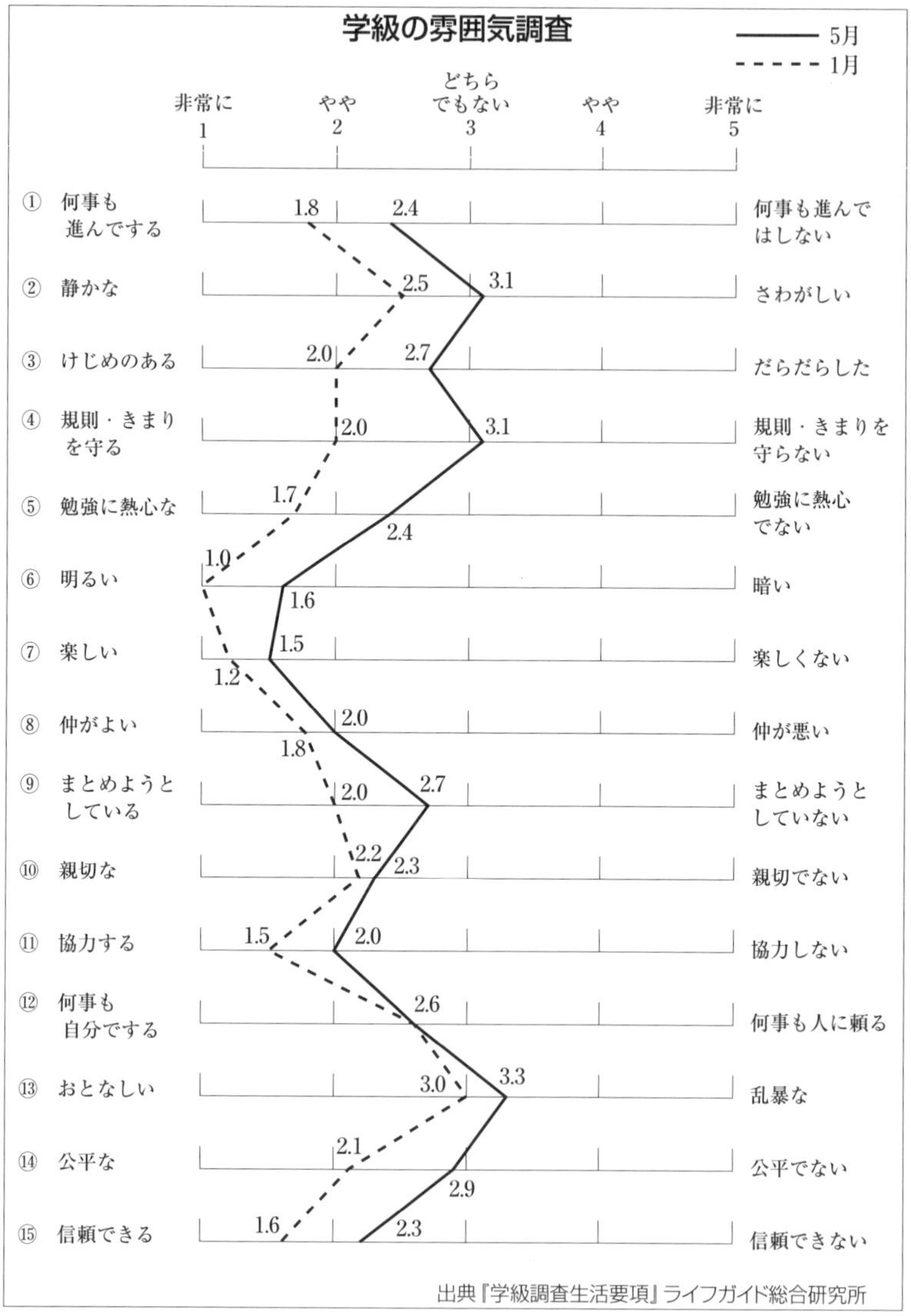
学級の雰囲気調査
5月
1月
非常に 1
やや 2
どちら でもない 3
やや 4
非常に 5
① 何事も進んでする　1.8　2.4　何事も進んではしない
② 静かな　2.5　3.1　さわがしい
③ けじめのある　2.0　2.7　だらだらした
④ 規則・きまりを守る　2.0　3.1　規則・きまりを守らない
⑤ 勉強に熱心な　1.7　2.4　勉強に熱心でない
⑥ 明るい　1.0　1.6　暗い
⑦ 楽しい　1.5　1.2　楽しくない
⑧ 仲がよい　2.0　1.8　仲が悪い
⑨ まとめようとしている　2.0　2.7　まとめようとしていない
⑩ 親切な　2.2　2.3　親切でない
⑪ 協力する　1.5　2.0　協力しない
⑫ 何事も自分でする　2.6　何事も人に頼る
⑬ おとなしい　3.0　3.3　乱暴な
⑭ 公平な　2.1　2.9　公平でない
⑮ 信頼できる　1.6　2.3　信頼できない
出典『学級調査生活要項』ライフガイド総合研究所

の印象のみに頼らず、調査を実施し、できるだけ客観的な評価を試みました。次に、その変容を年度の初めと終わりで比較したものを報告します。

**(1) 学級の雰囲気調査**

右表をみると、調査した十五項目のすべてについて、一学期より三学期の方が向上していることがわかります。得点が上位のものは『明るい』『楽しい』『協力する』の順でした。この中には学級目標の二つも含まれています。ほぼ目標は達成できたといえるでしょう。

**(2) 児童の実践力評価**

左表は子どもの「実践力」を問う評価用紙です。自己評価用と相互評価用の二つがあります。

自己評価のほうの結果を見ると、一年間で『表現力』『役割の自覚』『忍耐力』の順に伸びました。0・1ポイント下がったのは、『責任感』です。これは、男子に「言ったことを実行する」という項目の自覚が低かったことが原因のようでした。

いっぽう相互評価では、学年はじめには、選択される子どもにかなりの偏りが見られましたが、三学期になるとどの項目にも選択されていない子どもはなくなりました。お互いに実践力の向上を認め合い、友達のよさに気づいていることがわかります。それが学級目標の「協力し合って明るい学級にしよう」とつながり、けんかの多かった自己中心的な学級からの脱出となりました。

## 互いに高め合う学級づくりの工夫

本実践では、けんかが絶えず、まとまりの薄い学級を再生するために、エクササイズを年間を通して組み合わせ、自分や友達を知り、互いに高め合い、自己・学級の目標が達成できるようになるまでを紹介しました。

ここで大切なのは、学級目標の決定から時間をかけてじっくり話し合い、児童も担任も常にそれを意識して評価しながら、年間の見通しをもって活動することです。

――実践力（自己評価）――

※　高学年:五段階評価
低学年:三段階評価

## アンケート

氏名（　　　　　　　　　）

これは，テストではありません。ふだんの自分をよく振り返って，正直に答えてください。よくやっていたら「５」に，半分ぐらいやるときは「３」，ほとんどやらないときは「１」に○をつけましょう。半分より多いときは「４」，半分より少ないときは「２」につけましょう。

5　4　3　2　1

1　あなたは，クラスで決めたことを守っていますか。

5　4　3　2　1

2　あなたは，自分で言ったことは実行していますか。

5　4　3　2　1

3　あなたは，工作や手伝いのとき，きちんと後始末までやっていますか。

5　4　3　2　1

4　あなたは，ごみを見つけたら進んで拾っていますか。

5　4　3　2　1

5　あなたは，思ったことを日記などに書いていますか。

5　4　3　2　1

6　あなたは，何かするときは先のことを考えてやってますか。

5　4　3　2　1

7　あなたは，そうじをきちんとやっていますか。

5　4　3　2　1

8　あなたは，係や日直・委員会の仕事をしっかりやっていますか。

5　4　3　2　1

9　あなたは，途中でいやだと思っても最後まで宿題をやっていますか。

5　4　3　2　1

10　あなたは，正しいと思ったことはやり通しますか。

5　4　3　2　1

11　あなたは，自分の意見をみんなの前で発表していますか。

5　4　3　2　1

12　あなたは，わからないことは調べて自分で解決していますか。

5　4　3　2　1

――実践力（相互評価）――

## アンケート

年　　番　　名前

クラスの友達のことをよく考えて，３人ずつ書きましょう。

1．「やさしいな」と思う人はだれですか？　どうしてそう思うかわけも書きましょう。

（　　　　　）わけ

（　　　　　）わけ

（　　　　　）わけ

2．クラスで決まったことを守っているのはだれですか？
（　　　　　）（　　　　　）（　　　　　）

3．自分で言ったことをやっているのはだれですか？
（　　　　　）（　　　　　）（　　　　　）

4．工作や手伝いなどの後始末までやっているのはだれですか？
（　　　　　）（　　　　　）（　　　　　）

5．ごみを見つけたら進んで拾っている人はだれですか？
（　　　　　）（　　　　　）（　　　　　）

6．思ったことをわかりやすく文章に書くのはだれですか？
（　　　　　）（　　　　　）（　　　　　）

7．何かするときに，次にやることを考えて取り組んでいるのはだれですか？
（　　　　　）（　　　　　）（　　　　　）

8．そうじをきちんとやっているのはだれですか？
（　　　　　）（　　　　　）（　　　　　）

9．係や日直・委員会の仕事をしっかりやっているのはだれですか？
（　　　　　）（　　　　　）（　　　　　）

10．いつも宿題をきちんとやってくるのはだれですか？
（　　　　　）（　　　　　）（　　　　　）

11. 正しいと思ったことをやり通すのはだれですか？
（　　　　　）（　　　　　）（　　　　　）

12．意見をみんなの前で発表するのはだれですか？
（　　　　　）（　　　　　）（　　　　　）

13．わからないことを調べてくるのはだれですか？
（　　　　　）（　　　　　）（　　　　　）

2　1年を通した息の長い学級づくり

# ぎくしゃくした雰囲気にじっくり取り組む

小倉千恵子　おぐらちえこ
千葉市立高洲第三小学校教諭

**こんなときに！**

学級の人間関係が希薄なとき

**■ねらい**　一人一人の内なるものが輝けるような，安心感のある楽しい学級集団を求めて。

**■学年**　小3

**■時期**　年間を通して

**■時間**　学活・道徳・国語・体育

**■集団**　学級

先生！席がえしようよ。
やろー
やろー
そうだよ
そうね…。同じグループになった人たちのいいところを書いてプレゼントしてからにしようか。
メッセージカードをもらって。
○○君といつもロゲンカしてるけど、いいやつだったって思ったよ。
このカードもらったら、グループ離れるのさびしくなっちゃった。
すげえいい気持ち！
ウンウン

**★諸富のひとこと**

クラス替えの後，元気な中にも緊張感の漂う雰囲気。子ども同士の関係もどことなく不安定でぎくしゃくしている。本実践は，こんなクラスを1年間通して，安心して自分を出せるクラスに育てていったもの。その核となったのが，席替えのたびに行った年6回のメッセージカード交換のエクササイズ。同じエクササイズを繰り返し行うことで内容が豊かになっていくのが手に取るようにわかります。

4月　5月　6月　7月　9月　10月　11月　12月　1月　2月　3月

●学級目標

「安心感のある楽しい学級」

■一学期のエクササイズ

・猛獣狩りに行こうよ
・パラリコさん
・メッセージカード交換
・ぼくのわたしのよいところ
・うちの○○さんのよいところ（保護者会）
・ヒューマンサッカー
・人間知恵の輪
・メッセージカード交換
・だるまさんがころんだ
・メッセージカード交換

■二学期のエクササイズ

・あなたを探しています
・メッセージカード交換
・色鉛筆をなくしちゃった
・メッセージカード交換
・トレードマーク

■三学期のエクササイズ

・わたしはだれでしょう
・メッセージカード交換
・スター賞をあなたに

●一学期のねらい

「友達の名前を覚えよう」
「友達とふれあおう」
・受け入れられている安心感
・学級の一員としての居場所
・ルールの大切さ
・気持ちの伝わる言い方

●二学期のねらい

「友達同士のかかわりを広げたり深めたりしよう」
「互いのよさを生かそう」
・友達も自分と同じ心をもっている
・自分ってすてきだ
・こう行動すると相手を勇気づけられる

●三学期のねらい

「感謝の気持ちを伝えよう」
・わたしもすてき、あなたもすてき

## なぜやりたかったのか

新学期が始まり、子どもたちが教室に集まって来ました。学区内に、高層マンションが建設され、その完成にともなって、転校してくる友達が増えています。本学級では約三分の一が、ここ半年間に転入してきた子どもたちでした。

初めての学級編制替えで集まった子どもたちは、はしゃいだり、友達の様子を見たりと、元気な中にも緊張感をただよわせていました。

それから数週間がたっても、子どもたちが、友達を「あの子」と呼んだり、「ねえねえ」と肩をたたいて呼びかけたりしていることに気がつきました。そのときは、「友達の名前を覚えるのに、時間がかかるのね」ぐらいに思っていました。

しかし、ささいなことが原因でトラブルになったり、場をわきまえない言動が目立ったりと、子どもたちの、どこか不安定な元気さが気にかかりはじめました。また、Aさんの欠席が目立ち、登校を渋りはじめていることを知りました。

このような、不安定な人間関係の中では、それぞれのもっているよさを、伸びやかに出すことは望めません。

四月当初以来やってきた「関係づくりのエンカウンター」も、きっと、どこかマンネリ化していたのでしょう。

そこで、安心感のある楽しい学級をめざし、エクササイズカリキュラムの見直しをして取り組むことにしました。

## メッセージカード交換とは

メッセージカード交換とは、カードに相手のよいところ、楽しかったこと、助けられたと感じていることを書いて、お互いに交換し合うものです。

いろいろな方法がありますが、私は生活グループ単位で行いたいと考えました。四人グループですので、一人の子どもが、三人の友達と自分の計四人にメッセージカードを書いて行います。

私は、このエクササイズを、子どもたちに提案する時期をうかがっていました。

すると、子どもたちが、こんなことを言い出しました。

「先生、席替えしようよ。お隣のクラス、したって。先生、しよう」

私は、不満そうに言いました。

「お隣がしたから、するのですか」

「う〜ん、あきたよ」

「そう、あきたんですか」

「うん、それにさ、新しく来た友達や、ほかの人とも一緒のグループになってみたいよ」

「ほう、それは、またどうしてですか」

「班の友達が変わると、また違ったことがあるし、おもしろいし、友達のよいところもわかるし……」

「いまのグループの友達のよいところも、わかったんですか」

「まあーね」

「ほう、それは、すごい。君たちは、すごい。よし、席替えをしましょう」

「わあい、席替えだって」

子どもたちは大喜び。

「でもね、その前に、やってみたいことがあるのよ。一か月も同じグループで活動して、友達のよいところに気がついたんだもの、それをカードに書いて、プレゼントしようよ」

「うえ〜っ」

「やったこと、ある？」

「ないよ」

ガックリした返事です。そこで、目の話をしました。

「人の目ってね、顔についているでしょ。これはね、周りのことがよく見えるようにって、自分の体の中でも、高いところについてんだって。すごいよね。でもね、残念なことに、自分のことは、よく見えないんだって。私のことは、あなたたち、周りの人のほうが、よく見えるんだって」

「あっそうか」

「だからね、自分のいいところって、自分では、よくわかんないけど、友達には、よく見えたり、感じられたりすることがあるのだそうですよ。

せっかく、同じクラスで、同じグループになって、いいところ見つけたんだから、それを書いて、プレゼントしてみようよ。どんな気持ちになるんだろうね」

「先生、少しでいいの」

「いいよ」

「よいと思ったことなら、何でもいいの」

「はい。みんなが考えて、友達がいやがることや悲しむことでなければいいと思います。友達のよいところや楽しかったこと、友達に助けられたと思っていることなど、どうでしょう」

「うん、やってみよう」

「あっそれから、自分で自分にも書いてあげましょう」

　目前の席替えという、新しい友達への期待に後を押されるようにして、子どもたちは今までの友達との思い出を、カードに書き始めました。一人で四枚書くので、席替えを一週間後とし、それまでにカードを仕上げることにしました。

**第一回メッセージ交換**

　五月中旬の当日、子どもたちは、四枚のカードを胸の前でヒラヒラさせていました。

「これから、メッセージカード交換をします。一か月間、一緒に生活してくれてありがとうという気持ちと一緒に、一人ずつに手渡します。グループで司会を一人決めてください」

と、言うと、さっそく
「司会は、班長さんでいいよ」

「ぼくやりたい」

「じゃんけんで決めよう」

と、さまざまな反応を示してくれます。

「グループごとの決め方でいいですから、話し合って決めてください」

　と言って司会が決まりました。

「司会さんは、『では○○さんにどうぞ』と、初めに渡す人を紹介してあげましょう。終わったら、『次は○○さんです』と、進めましょう。最後に司会さんのときには……」

「わかった、他の人が、代わってあげる」

「そうです。さすがですね。では、始めましょう」

　各グループごとに、司会の進行で交換が始まりました。渡す側の友達は、「どうぞ」とか「ありがとう」とか「またね」とか「おもしろかったよ」とか、ひとことをそえて渡していました。もらう側の友達は、「ありがとう」と、少し緊張した面持ちでした。

　交換は、三分くらいで終わりました。そのあと、各自でカードを読んでいるときの様子は、千差万別でした。

　第一回目のメッセージカード交換は、このようにして進め、交換の仕方に時間がかかったので、振り返りは、話し合いだけをしました。

「さあ、メッセージカード交換というエクササイズをやってみて、どんな気持ちになりましたか」

　元気のいい、おしゃべりマンのA君が、

「すげえ、ぼく、いい気持ちです。だってさ、B君と、いつも口げんかしてんの。だから、やだなと思っていたの。なのに、いいこと書いてくれた」

「どんなことを書かれるか、不安だったのかな」

「うん、でも、いま、B君って、けんかしても、いいやつなんだって思ったよ」

「B君は、いかがですか」

「うれしい。ぼくにも、いいこと書いてくれて。ぼくにも、いいとこあるんだって思った」

「私ね、このカードをもらう前は、早く席替えしたいとばかり思っていたの。このカードをもらったら、このグループと離れるのがいやなような、まだ、このグループでいいような。でも、新しいグループにもなりたいような気持ちで、ごちゃごちゃして迷っているよ。でもやっぱ席替えしたほうがいいかな？」

　メッセージカード交換は、やってみたらいい気分になることを、子どもたちは味わったようでした。

「人の目って、ほんとうに周りが見えるようについていたね。この目の使い方を工夫していくと、なんか、楽しくなりそうだね。新しいグループになったら、また、いろんな発見をしたり、感じたり、やったりしてみましょう」

　座席替えをするたび（年間を通して六回）に、

カード交換をすることにしました。もらったメッセージカードは次回も重ねられるように、台紙に張り、教室に掲示しました。

## 第二回メッセージ交換

第二回目のメッセージカード交換は、六月中旬に行いました。カードの作り方はもうわかっているのでスムーズに取りかかりました。このときはカードを、五・六種類用意して、好みの絵柄のカードを選ぶようにしました。子どもたちは、喜んで取り組みました。

また、一回目の、振り返りの中から「カードをていねいに書いてくれてうれしかった」「まわりやカットに色をつけてくれて、とてもきれいだった」などの友達の声を紹介して、「プレゼントへの配慮」も呼びかけてみました。

さらにカード交換のときには、もらったカードの中から一枚だけ、全体に発表すること（自己PR）を取り入れました。

振り返りで出た意見を紹介します。

・とても、楽しくて友達のことがよくわかった。
・もっと、仲よくなれたような気がする。
・ゲーム感覚で、面白かった。
・カードは、一枚だけでなく、全部発表したかった。
・友達のカードを、もっと聞きたかった。
・自分のいいところがこんなにあるとは思わなかった。
・友達が、ぼくの書いたカードを読んでくれてうれしかった。もっと、いいとこみつけようと思った。

## その後のメッセージ交換

第三回目のメッセージ交換は、七月中旬に二回目と同じ方法で行いました。

一回目より二回目、二回目より三回目と、子どもたちのカードの内容が豊かになってきました。

**＜一回目の例＞**

・けしゴムを貸してくれてありがとう。ほんとうに助かったよ。　Cより
・背が高くていいなあと思います。　Dより

**＜三回目の例＞**

・いつもふざけているけど、大事なときは真剣になるね。ひまわりの恩人をしたから感心したよ。　Eより
・Fちゃんのいいところは、みんなと仲よくできるところだよ。やさしくて、面白くて、一緒にいると、すごく楽しいよ。ほかの班でも、みんなと仲よくして友達をたくさんつくってね。　Gより

今後は、もらったカードを紹介するときに同じグループだけでなく、新しいグループをつくってやったりと、工夫していきたいと思います。

また、カードを紹介し合ったあと、他にも気づいたよさをつけ加えたり、感想を伝えたりと、グループでの人間関係をより活発なものとしていきたいと考えています。

メッセージカードの内容が、より具体的になってきたことは、学級の中に安心感が広がってきていることを表しているのだと思います。安心感のあるところでは、子どもたち一人一人が、内なるものを行動を通して表現できますし、それを周りの子どもたちが、よさとして伝えます。このような場こそ、子どもたちにとって、ほんとうに楽しい場なのでしょう。

## 他のエクササイズとの関連

安心感のある楽しい場をつくるために、メッセージカード交換と並行して四月から次のようなエクササイズを行ってきました。

### 猛獣狩りに行こうよ

ここでは、安心してグループがつくれるように配慮しました。一回目は、全員がグループに入れるような人数。二回目は、一人が残ってしまう場合、声をかけて、入れてあげたグループを奨励することによって、グループづくりがスムーズに楽しいものとなっていくことを体験し合いました。

グループづくりだけではもったいないので、できたグループで、自己紹介や輪番自己紹介をしたりして、友達の名前を知る機会を多くしま

した。

　エネルギッシュな三年生の子どもたちには、模倣の入った活動的なこのエクササイズは好評でした。

**パラリコさん**

　これは楽しく友達とかかわりながら、いつの間にか名前を覚えられるエクササイズです。

「パラリコさんってね、だれとでもすぐにお友達になれる、お友達づくりの名人さんなのだそうです。パラリコさんを呼んで、みんなもお友達になっちゃいましょう」と言って「パラリコ　パラリコ　パラリコさぁん」と、お互いに手拍子を打ち合いながら歌います。

　次に、一人が、「○○さん」と呼んだら、呼ばれた人が「はぁい。○○さん」と、返事をして、同様に次の人を呼びます。

　ただ、これを繰り返すだけなのですが、友達の名前をスムーズに言えるようになると、リズミカルに、アップテンポになっても盛り上がり、グループが一体化する喜びを味わえます。

　ここまでのエクササイズで、友達との交わりを体験してから、第一回のメッセージカード交換を行いました。

**ヒューマンサッカー**

　振り返りの場で、K君が発言しました。

「だれも、ぼくのところに、じゃんけんに来てくれなかった。つまらなかった」

「わたし、じゃんけんしたよ、K君と二回」とSさん。このことを発端として、K君はもっともっと、たくさんの人とじゃんけんをしたい気持ちだったことがわかりました。

　そして友達からは、K君が「だれか来てよ、じゃんけんしたいよ」と、わめいている姿が、怒っているように感じられて、近よりにくかったことなどが出されました。そこで次のようにたずねました。

「おうちの人に話しかけようと思っても、やめるとき、あるでしょ。どんなときですか」

「怒っているとき」

　怒っている感じを人に与えると、近よりにくくなってしまうことを知りました。そして、友達に「来てほしい。いっしょにじゃんけんしよう」という気持ちが伝わるような言動をするには、どうすればよいのかを考えさせられる場となりました。

**人間知恵の輪**

　一学期も終わりになると、友達の名前も全部覚え、かかわりが少しずつ深まり「友達っていいな」という感じが出てきて、体が触れたり、少々、ぶつかったぐらいでは、なぐることもなくなりました。そこで、身体接触のあるエクササイズを取り入れましたが、自分の体と友達の体をいたわり合いながら、上手に体を使ってゲームを楽しむようになりました。

　このときは、時間を決めて、チーム対抗にして行いました。Aチーム、Bチームからほどきの代表各三人を決め、じゃんけんで先攻・後攻を決めます。

　先攻Aチームのほどきの代表は、後ろ向きに立ち、他のメンバーは時計係と応援を担当しました。

「スタート」の合図でBチームは、人間知恵の輪を作ります。手をつないで輪になったままできるだけ複雑にねじれるのです。手は離してはいけません。これがルールです。

「ストップ」

　一分間の後、いよいよ、ほどきの代表の出番です。

「スタート」の合図で、三人が手分けをしてほどきにかかります。

　時間は二分間です。

　この間に、知恵の輪をほどくことができれば、知恵の輪のBチームは「おみごとです」と拍手。ほどきのAチームは、ガッツポーズ（なんでもOK）をします。

　反対に、ほどけなかった場合は、ほどきの代表が「まいりました」と頭を下げます。知恵の輪Bチームは「やったぁ」と大喜びです。

　二回目は交代し、三回目はAチームとBチームがいっせいに行いました。

　その後、雨の日など外に出られないとき、室内で小グループをつくってこのエクササイズを、楽しむ姿が見られました。

　このエクササイズでは、ルールをできるだけ守ろうとすることによって自分も守られ、尊重される体験ができました。また、自分の気持ちを伝えるには、できるだけおだやかな言い方をしたほうがいいということを学んできて、乱暴な言葉が少なくなり、あたたかい雰囲気ができてきました。

　三回目のメッセージカード交換は、このような中で行いました。

## 成長していく子どもたち

　四月当初、登校を渋り欠席の目立ったAさんですが、自分から自分へのメッセージカードを見ると、彼女が大きな成長をとげていった様子がわかります。

一回目（五月）
・この前、妹とおつかいをすることができたので、私でもすごいなと思う。
二回目（六月）
・自分で泳ぐことができました。
三回目（七月）
・ピーマンやナスが嫌いだった。でも、好きになれた（学校の畑に、みんなでナスとピーマンとひまわりを植えた。ナスとピーマンが実をつけ、みんなでとっては順番におうちへのおみやげにした）。

　自分の変化に自分自身でエールを送る姿がみられました。

　また三回目のカード交換の振り返りには

「いろんな人と交換ができて、おもしろいし楽しくてうれしいのでよかった。前は、友達がこんなにいなかったけど、知らないうちに増えて、百人も超しちゃった。でも、まだ友達じゃない人もいるので、もっと友達をつくりたい。自分がどんな人か、まだ知らなかった。でも、自分のいいところがメッセージカードでわかった。」

と、書いてありました。

　二回目のメッセージカード交換後、新しいグループで、班長さんになり、毎日、生き生きとして登校した結果の感想でした。友達からのメッセージカードでも、よさを認めてもらったり、必要とされていることなどが、伝わってきます。

・いつもやることは、ちゃんとやって、笑顔が明るくてとってもいいね。
・いつも明るくて元気なところが大好きです。これからも、がんばってね。
・いつも注意してくれて、ありがとう。これからも友達でいてね。

　おうちの方からは、「小学校に通うようになって三年目。六月下旬のある日、ようやく一人で玄関から『行ってきまあす』と登校するようになりました」という喜びの声が届けられました。それまでは登校を渋るAさんを、玄関から連れ出すのが容易ではなかったそうです。

## 終わりに

・みんな、私のこと、とってもいいところを書いてくれてうれしい。友達はやさしいし、私のいいところをわかってくれている。友達がいろんなことにありがとうって書いてあって、私は、いい子なんだなと思います。
・いろんなことが書いてあってすごくうれしい。友達は、けんかをしたりするけどやさしくて、一緒にいると楽しくなったりして、すごく大切だな。カードに自分の知らないことも書いてあって、友達に教えてもらってうれしい。

　これらは、二回目の振り返りカードの記述です。子どもたちって、すごいなあと思いました。

　このメッセージ綴と、振り返りカードは、学年末に作る文集の中の一巻にしたいと思っています。きっといつまでも、自分にエールを送ってくれることでしょう。

3　自分を好きになる子を育てる

# 自分を好きになる 友達を好きになる

佐久間富美子　さくまふみこ
千葉市立院内小学校教諭

**こんなときに！**

自分を表現させたい

**■ねらい**
自分のよさを知り自信をもって自分を好きになる。

**■学年**　小２
**■時期**　１年間
**■時間**　学活
**■集団**　学級

ケン君は三〇メートルも泳げてすごい！
ケン君はスクランブルエッグが作れるなんてすごい！
ケン君はリサイクルをしてるなんて、すごい！
みんな僕のことをそう思ってくれてるんだ。
これでいいんだ、がんばろう！
ケン

**★諸富のひとこと**
本実践のクラスは転・出入児童の多い小学校２年生。自分をうまく表現できない子ども，自分に自信がない子どもが多いように先生は感じていました。こんなときこそ「自分を好きになるエンカウンター」の出番！友達のよいところさがしや自分の自慢大会などのエクササイズを続けていくことで，自己肯定度テストの結果がじわっと上がっています。これぞエンカウンターの効用ですね。

**4月**

□自己肯定度テストの実施①
一年生のときに比べて（対人関係）がよくなっているものの「いまの自分が好き」という項目の肯定度の低い子どもが見られた。
■自己紹介カードを作成する。
■朝の会でのスピーチを続ける。
■「よいことさがし」を行う。

**6月**

■自慢大会のエクササイズ（学活）。
ぼく・わたしのひみつ
■「よいことさがし」を行う。

**10月**

□自己肯定度テストの実施②
「自分の意見を自由に言える」の項目に肯定度の低い子どもが見られた。

■自慢大会のエクササイズ（学活）。
この声だあれ
■「よいことさがし」を行う。

■授業参観で自慢大会のエクササイズ（学活）。
グルグルドッカンじまん大会

**2月**

□自己肯定度テストの実施③
毎学期「自慢大会」のエンカウンターを行うことで、自分に自信をもち、学習や生活の中で自分を表現するようになってきた。また友達を大事にしようとするあたたかい雰囲気がクラス全体に広がった。

## なぜやりたかったのか

私が担任したのは一・二年生の持ち上がりクラスでしたが、その間、子どもの転出・転入が繰り返され、十七か月の間に、転出入の児童は、十六名を数えるほどになりました。

明るく素直でやさしい子どもたちが多いクラスで、転入児童をあたたかく迎え入れることができ、むずかしい人間関係づくりも、乗り切ってきました。

しかし、五月に転入してきたA君は、自分を表現することが著しく苦手でした。絵を描くときは時間がかかり、しかも自分をとても小さく描きました。朝や帰りの会のスピーチでもほとんど話すことができませんでした。

そこで、自己肯定度テストを行ってみたところ、「どうしたらよいのかわからない」「すぐに決心することができない」「自分の意見を自由に言えない」という結果が返ってきました。

同様に、クラス全体の結果を見てみると、男子では「いまの自分がけっこう好き」、女子では「自分の意見を自由に言える」「恥ずかしがらずに演技ができる」が低い数値になっていました。これはA君だけでなく、自分に自信をもてない子どもたちが多いことの表れであると考えました。

また、子どもたちの友達関係も、まだまだ表面的なものにとどまっているのではないかと考えられました。

そこで、子どもたちによりいっそうの交友関係を築き、一人一人に自信をもたせたいと考え、エンカウンターに取り組みました。

## だれもが、自分を好きになる子どもに

子どもが自分に自信をもつようになるには、子ども自身が自分のよいところを知り、「自分のよさを友達が受け入れてくれた」「認めてもらえた」という満足感を味わうことが必要だと考えました。

そこで、学級活動の時間を活用し、定期的に「あなたってなっかなかだ」（すごいよカード）に記入するようにしました。「元気だね」「一生懸命そうじをしているね」「やさしいね」「なわとびが上手だね」などと、全員がカードをもらえるように、班の友達には必ず書いてあげることにしました。そしてそのカードを、友達とプレゼントをし合うことにより、みんなが自分のよいところを知る手がかりとしました。

子どもたちが友達のよいところを見つけるのは、初めのうちはむずかしいことです。担任が子どものよいところをたくさん見つけ、それをほめることで、友達のよさに気づかせるようにしていきました。

また、学級活動の中で自分のよさを友達に知らせる「自慢大会」のエクササイズを毎学期に行うことにしました。

自慢大会では、いままで知らなかった友達の一面を知ることができ、自然と、友達に関心が向いて、交友関係を広めることができます。交友関係の広まりや深まりは、互いの存在を認め合うということです。こうなれば、子どもたちも安心して話すことができるようになります。

また、自分を見つめ自分のよいところを発表することで、「がんばり屋」の自分、「やさしくて友達づくりが上手」な自分、「健康で元気いっぱい」の自分等に気づくことができ、「ぼくやわたしって、けっこうすごいぞ」という自信をもたせることができると考えました。

次に、各学期に行った自慢大会のエクササイズの様子を紹介します。

## ぼく・わたしのひみつ

一学期の自慢大会は、いままで知らなかった、友達の特技や好きなことを知ることから始め、親しみをもたせていくことにしました。

また、親しみをもつことから、互いに認め合い信頼し合える人間関係へと発展させ、一人一人が存在感のもてるクラスづくりに努めていこうと考えました。

持ち上がりのクラスといっても、転出入の子どもが多く、子どもたちのつき合いがまだまだ表面的にとどまっていることは事実です。とくに、五月に転入してきたA児は、自分から友達に積極的にかかわることができず、友達のことを理解することは苦手のように思われました。

〈エクササイズの様子〉

B「次は、私が友達の秘密を読みます。『ぼくは、走るのが速くて、体育が得意です。ヒント、ぼくは○○に住んでいます……』」

C「○○くんです」

B「おしいです。ブブー」

D「Aくんです」

B「正解です。ピンポン」

教師「DさんはどうしてAくんと思ったの？」

D「体育のとき、Aくんがかけ足が速いのを見たからです」

E「ぼくも知ってるよ。転校してきたばかりだけど、体育は何でもできるよ」

教師「Aくんの秘密、かっこいいですね。それでは、Aくんひとことコメントをどうぞ」

A「当たってよかったです」

教師「お友達もAくんの秘密を知っててすごいです」

**＜A君の振り返り表から＞**

**一、「ぼく・わたしのひみつ」ゲームは楽しかったですか。**

・とても楽しかった。

**二、だれのひみつか、一生懸命考えることができましたか。**

・あまりできなかった。

**三、友達のことで、新しく知ったことはどんなことですか。**

・（回答なし）

**四、このゲームでうれしかったことや、思ったことを自由に書きましょう。**

・当ててもらってうれしかった。

表現をすることの苦手なA児ですが、ニコニコと参加することができました。友達の秘密を文に書くことはできませんでしたが、心の中で、「あの友達はこういう秘密があるんだな」ということを受けとめていたように思えました。また、友達が自分の秘密（得意なこと）をすぐに当ててくれたので、とてもうれしそうな顔をしていました。

このエクササイズをしたことで、A児もクラ

### ■ぼく・わたしのひみつ

**(1)事前**

・「わたしはだれでしょう」カードに、自分の秘密や得意なこと、友達に知っておいてもらいたいことなどを、あらかじめ記入しておく。

**(2)本時**

・担任の「わたしはだれでしょう」カードを読み上げて、みんなでだれのものかを当てる。リラックスした楽しい雰囲気をつくる。

・円形になって座る。

・最初の人の秘密が書かれたカードを読み上げる。

・最後まで聞いてから、だれのものかをみんなで当てる。

・当てられた人は、自分の秘密について簡単にコメントし、次の人のカードを読み上げる。

・同様に、全員分のカードを読んで当てる。

・振り返りをする。

### ■この声だあれ？

**(1)事前**

・友達のよいところを探し、「すごいよカード」に書いてプレゼントし合う。

・もらったカードを参考にして、自分の得意なことを「じまんカード」に三つ記入する。

・カードを読み上げる声を一人分ずつ録音しておく。

**(2)本時**

・学年の先生が、自分の自慢を読み上げる声のテープを聞く。

・聞いているあいだ、各自でわかったよポーズ、もしくはわからないよポーズをする。

・回答用紙にだれの声か答えを書く。

・答え合わせをする。

・同様に、全員分の声のテープを聞いて当てる。

・振り返りをする。

スの友達に親しみをもち、このクラスに転入してきてよかったという気持ちをもてたように思いました。

## この声だあれ

子どもたちは、一学期の終わりころには、それぞれ自分らしさを発揮できるようになってきました。A児も転入学時に比べると、絵を描くことや歌うことに笑顔で取り組むことができるようになりました。

しかし、まだ交友関係が狭く、自分の気持ちを表すことが苦手な子どもも見られます。子どもたち一人一人のよさを知らせたり、自分に自信をもたせることで、子どもの交友関係を広めたいと考えました。

そこで行ったエクササイズが「この声だあれ」です。自分を見つめ直し、自己PRを書くことで「ぼくやわたしって、けっこうすごいぞ」という自信をもたせることができます。また、声当てクイズを通して、友達のPRにじっくり耳を傾けることにより、友達のよさや新しい面を発見して親しみがわき、交友関係が広まると考えました。

〈エクササイズの様子〉

F「私は一輪車に乗れるんです。なかでも小回りが得意です」

F「私は困っている友達に教えることができます」

F「私は健康観察のとき、元気な声で返事をします」

G「わかった、わかった。あの人だ」

H「ほんとうにいつもやさしいよ。○○さんは」

I「すごいね、一輪車に乗れるなんて」

教師「さて、この声の人の名前がわかりますか」

J「○○○さんです」

K「同じです」

L「○○○さんは、こんなよいところもあります」

教師「それでは、この人はだれか回答を聞いてみましょう」

F「わたしは○○○でした」

JKL「ほらね。やっぱりだ。合ってたよ」

教師「みんな、すごいね。友達のことをよく知っていますね。そしてAさんもとてもすてきな自慢がありますね」

教師「それでは、回答用紙に○か×を記入してください」

〈振り返りの様子〉

F「発表がよくできました」

G「友達と仲よくなれてよかったです」

H「○○君のことがよくわかりました」

I「○○さんは、笑わないでちゃんと聞いていました」

このエクササイズは、ウォーミングアップ→クイズ（前半）→クイズ（後半）→振り返り、という流れで、全員の子どもの声を聞きますから、終わるまで二時間は必要です。

聞いているときのポーズ（わかったよ・わからないよ）を決めたことで、友達の三つの自慢を集中して聞くことができ、友達のよさがよく理解できました。また、大きな身振りでポーズをするなど、恥ずかしがらずに自己表現をする子どもも多く見られました。

ただ、自慢の声のもち主に感想を言ってもらうと、もっと交流が広がったと考えます。

## グルグルドッカンじまん大会

二学年も終わりに近づき、子どもたちの友達関係も深まり、友達が「なくてはならぬ存在」になってきました。

A君とB君のニコニコした顔が毎日見られます。でも、声の小さいところがまだまだ気になります。

そこで、自分に自信をもち、自分からすすんで取り組めることができるようになったら、と考えこのエクササイズを取り上げました。

〈エクササイズの様子〉

このエクササイズでは、当たりになった人が、メダルに書いた自慢を発表します。

その発表を聞き、周りの人は賛成の意見や、他のよいところを言ってあげたり、拍手してあげたりします。

M「ぼくの自慢は、元気なことです」

N「賛成。体育山でよく遊んでいるよ」
O「そうだね。お休みしないね」
P「一緒に遊ぼうって声をかけてくれるし、やさしいよ」

## やり終えて

振り返りの話し合いの中で、お互いを認め合い、自分を高めていこうとする態度が見られ、「人にはたくさんのよいところがあり、すごいです。そして、自分もがんばりたいです」といった声がありました。

また、ゲームに対する取り組みも生き生きとしていましたし、子どもたちの発表やつぶやきもあたたかく、心が育っていることを感じました。

そして、何よりも自分が気づかなかったよいところを、他の人がたくさん見つけてくれることで、学級の中の一人一人の存在感を高めることができました。このことは子どもたちの自信にもつながっています。

今後の課題としては、このようなエクササイズで得られた一人一人の存在感や自信を、他の場面でも生かしていけるようにしたいと考えています。

## エンカウンター実践の結果

二月に行った自己肯定度テストの結果を見ますと、クラス全体では「いまの自分がけっこう好き」と「自分の意見を自由に言える」の数値が上がり、実践の大切さを感じました。

一人一人を見ると、「九曜の子祭り」という学校祭や、「六年生を送る会」などの行事に積極的に働きかける子どもが多くなり、「ああしよう、こうしよう」という声がたくさん聞こえるようになりました。

また、だれにでも気さくに声がかけられる、自由で明るい雰囲気が生まれ、笑顔のこぼれる子どもたちが多くなりました。

さらに「友達が何よりも大切」であることがわかり、友達のよいところを認めよう、友達の新しいことを知ろうと、帰りの会などでの、「よいことさがし」が活発になりました。

A児は、いくつかのエクササイズを通して、生き生きと活動するようになりました。自分から友達にかかわりをもとうとしたり、大きな声で発言をしたり、自分の考えを進んで話したりするようになりました。

A児は、絵や作文も時間はかかりますが、自分の力で表現できるようになりました。また、ニコニコしながらの友達との会話や表情を見ると、エンカウンターを継続してよかったと思わずにはいられませんでした。きっとA児は、自分の存在感を感じとることができたことでしょう。

---

### ■グルグルドッカンじまん大会

**(1)事前**
・友達のよいところを探し、「すごいよカード」に書いてプレゼントし合う。
・もらったカードの中から、自分のいいところとしていちばん気に入ったものを選び、「よい子のメダル」に書き込む。

**(2)本時**
・「よい子のメダル」を首にかけて座る。
・色違いのドッジボールを三個用意する。
・オニを一人決め、そのオニが「グルグル……」と言っている間に、ボールを左隣の人に回す。
・オニが「ドッカン！」と言ったときにボールを持っていた人が当たりになる。
・当たった人は、メダルに書いた自慢を発表する。
・発表を聞いていた人は、賛成意見をつけ加えたり、他のいいところを言ってあげたりして拍手する。
・三人のうちの一人がオニになりゲームを続ける。
・振り返りをする。

**(3)事後**
・メダルに書いた以外に見つかった自分のよいところを、賞状「じまん賞」に書き、いいところを増やしていく活動を継続する。

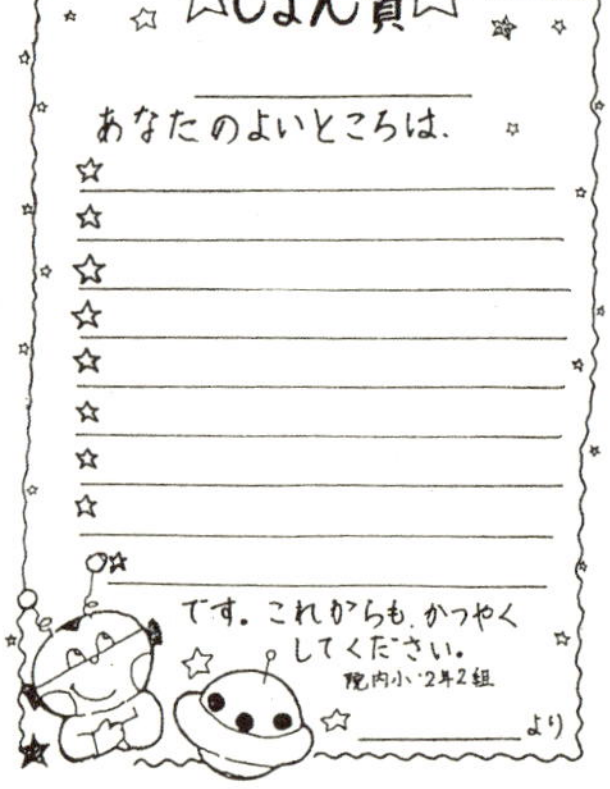
☆じまん賞☆
あなたのよいところは、
です。これからも、かつやくしてください。
院内小 2年2組
より

## 実践を通して考えたこと

自慢大会のエクササイズを通して、「自分の好きなことをわかってもらえてうれしい」「みんなと仲よくできてうれしい」といった子どもたちの声を聞くことができました。

これらのエクササイズを選ぶにあたっては、後述の文献を参考にしました。また、展開については、発表の苦手な子どもでも積極的に参加できるよう、回答用紙などのプリントを用意しました。子どもたちは友達の前では言えないことも、プリントに書くことで「自分も参加している」「自分の考えたとおりだった」と満足することができました。

たくさんの友達の自慢を、最後まで集中して聞くことが大切な自慢大会でした。

「この声だあれ」では、子どもたちは自分たちで決めたポーズを喜んでとりました。ふだんから表現力の乏しい子どもでも、得意顔で生き生きと「わかったよポーズ」をとりました。このポーズを取り入れたことで、子どもたちは友達の自慢を、最後まで集中して聞き取ることができました。

そして、友達の自慢を集中して聞くことで、新しく友達のよさを知ったり、再認識したりすることができ、クラス全体に自信と親近感が生じるようになったと思います。

## 一年を通して

このように、学活の時間で定期的にエンカウンターを行ってきましたが、学級活動の時間は限られています。今後は、教科学習や道徳の中でも、エンカウンターの手法を生かした活動を取り入れていく必要性を感じました。

また、朝や帰りの会にできる、短いエクササイズの開発にも力を入れていきたいと思います。いろいろなエクササイズを、その場のねらいと照らし合わせ、何を選択するのかをよく見定めながら、根気よく続け、子どもたちの人間関係を少しずつでもよい方向に深めていけたらと考えます。

そして、子どもたちが自分を好きになり、友達を好きになり、だれをも受け入れることのできる、広い心のもち主へと成長できるよう、これからもグループエンカウンターの実践と勉強に励みたいと考えています。

**参考図書**

国分康孝監『エンカウンターで学級が変わる　小学校1』図書文化

●男の子用メダル

●メダルの裏面

3　自分を好きになる子を育てる

# 総合テーマ学習で，自己理解から自己肯定へ


川島恵子　かわしまけいこ
千葉市立園生小学校教諭


**こんなときに！**
自信をもたせたいとき

■ねらい
エゴグラムの分析等により，新たな自分を発見したり，自分を見つめる場を設定する中で，自尊感情を高める。
■学年　小５
■時期　２学期
■時間　国語・学活・道徳
■集団　学級

自分のがんばったことは…。
毎朝、陸上の練習をがんばったなぁ…。
そうか！僕ってけっこういいとこたくさんあるじゃないか！


★諸富のひとこと
本実践は，「自分を見つめて」という総合テーマ学習の一環として，自己理解や自己肯定のエクササイズを組み込んだものです。成功のポイントは，①全体計画がよく練られている，②自己理解→自己肯定のエクササイズの配列がよい，③聞き合い活動がうまく機能している，など。聞き合い活動は，園生小学校のオリジナルで，シェアリングをかみ砕いたもの。ぜひお試しください。

4月

●友達にやさしく、思いやりのある子どもが多く、友達のよさを認めたり、そうなりたいという前向きな気持ちをもっているが、自尊感情が大変低い。

自分を見つめて→自分を知って好きになろう
■国語…自分を見つめて
・一つのことを中心にして、自分の行動や気持ちの動きを見つめて文を書く。
　私がいっぱいの日記
・自分の書きたい事柄を自由に書くことで、一日の中で自分を見つめる時間をつくる。
　つぶやきカード
・学級の児童が共通のテーマで書く小作文。

10月

■学活…ブラインドウォーク
・友達を信じることが、自分を信じてくれる友達の発見につながり、自己・他者理解を深めた。
■学活…私ってどんな人・エゴグラム
・自分が思っていた自分と違う姿を知らされたり、友達との共通点を見つけられた。

11月

■道徳…大切な私
・自分について考え、それを伝え合う聞き合い活動は、自分の自信につながった。
■学活…成功物語
・自分のよさや成長をまとめることにより、自分の再確認と前向きな気持ちをもてた。

12月

●友達のよさにばかり目が向いてきた子どもたちが、自分自身に自信をもち始めてきた。学習中の発言が増えたり、学級・学校行事などに積極的に取り組む姿が見られた。

## なぜやりたかったのか

友達にやさしく、思いやりがある。困っている子には、すすんで手を差しのべたり、声をかけたりできる。そのうえ、友達の活躍やよさを認めることができ、称賛し、自分もそうなりたいと思う前向きな気持ちももっている。何も問題がないように見える。でも、何かがおかしい。

こんな実態から始まった「自分を見つめて《大切な私》」でした。

友達の活躍を認め自分に生かそうという考えはすばらしいのですが、それ以前に、一人一人が「自分の中にすばらしい自分があるということ」を見ていないのです。

そこで、まず、自分自身を見つめ、自分自身を知ることから始めました。そして、さらに新しい自分に気づかせ、自分という人間を慈しむ気持ちをもたせたいと考え、国語・学活・道徳、日常生活の中での活動を組みました。

## 国語「自分を見つめて」を日常化する

生活での出来事を題材にして自分を見つめて日記を書く授業です。ちょうど運動会の練習中なので、組体操に向けてがんばっている自分の様子や気持ちを書くことにしました。

子どもたちは、初めて行う組体操に不安いっぱいだった気持ちや重くて、痛くてつらい練習が、回数を重ねるうちに自信をつけ始め、満足していく気持ちに変わっていく様子を書いていました。中には、友達への信頼とともに「自分ががんばらなくてはいけない」という意欲もみられ、自分自身への関心の高まりを感じたようです。

さて、この活動を日常の中で継続していくことが大切です。そのためには、第一に、毎日の日記を奨励しました。題して「私がいっぱいの日記」。

なにしろ日記ですから、自分の行動や思いを素直に書き表すのが基本です。そのため、毎日提出することを約束にしましたが、内容は自由にしました。自分を見つめる時間を必ずとることが第一だと思ったからです。

第二に、「つぶやきカード」の実施です。これは、内容の自由な個人的な日記とは異なり、共通の出来事に対して、学級の全員が書く作文です。書く時間は、五分程度の短い時間で行います。

ここでは、自分自身の考えを素直に書くということのほかに、このカードを全員分掲示し、お互いの考えを知り合えるという利点があります。そして、友達から称賛の声をかけられることもあります。こうして、自分自身を見つめる基礎づくりをしました。そして、いよいよ、構成的グループエンカウンターによるエクササイズです。

## 友達に信頼されている自分

最初に行ったエクササイズは、「ブラインドウォーク」です。「隣で誘導してくれる友達を信頼できるかな」と投げかけ、エクササイズを始めました。

今回は、手ぬぐいを使った目隠しはしません。信じきれないときには、目を開けられるようにしました。けれど目を開けてしまった子どもたちはいませんでした。

エクササイズの後の振り返りカードには「真っ暗な世界を歩いた。信用しているなら目を開けちゃだめ。私は、一生懸命心に言い聞かせた。でも、やっぱり少しこわい。友達の温かくて柔らかい手が、明るいランプで前と足元を照らしてくれているようだ。私は、目をつぶったまま、階段を昇ることができた」「ぼくは目を閉じた。いままで明るかったのが夜のように暗くなった。真っ暗になり、何も見えないのでこわかった。しかし、友達が手を引いてくれたので少し安心した。きっとうまく誘導してくれるだろう。お互いが信じ合えるのはうれしいことなんだなと思った」と、書かれていました。

本時はこれで終わりではないのです。ここからが、自分を見つめ直す時間の始まりです。

次は、自分を誘導してくれた友達に自分の感想を見せに行きました。読んでいる子どもたちの顔は自然とほころびます。それは、友達に信じてもらえた喜びです。友達に信頼されている自分を知ったのです。ブラインドウォーク中の自分の気持ちも思い出されます。友達が壁にぶつからないように、つまずかないように注意をはらっていた自分のがんばり。友達のよさばかりを見つめていた自分に自信をもたせたいためのエクササイズは、大成功だったと思います。

### 私ってどんな人

日常生活で、自分を見つめる機会を増やしてきましたが、見えるものが固定するようになりました。そこで、学級活動で、エゴグラムを用いて自分の内面に迫らせることとしました。

これにより、現在の自分の感情や行動の傾向を冷静に見つめることができたと思います。思いもよらないような結果に対して子どもたちは驚き戸惑うというよりも、自分にそんなところがあるのかというような自分新発見の気持ちで受けとめていました。

また、マイナス面についても、アドバイスが書かれていたため、これからの自分の目標や理想の姿をもつきっかけになったと、振り返りカードに気持ちが素直に書かれていました。

### 道徳「大切な私」

ここでは、エンカウンターを活用し道徳の学習を行いました。「大切なことは何」（ＥＲＩＣ）の改作として、「これから生きていくために大

## エゴグラム・チェックリスト

以下の質問に，はい（○），どちらともつかない（△），いいえ（×）のように答えてください。できるだけ○か×で答えるようにしてください。

| | | | ○ | △ | × |
|---|---|---|---|---|---|
| CP（　）点 | 1 | あなたは,何事もきちっとしないと気がすまないほうですか。 | | | |
| | 2 | 人が間違ったことをしたとき,なかなか許しませんか。 | | | |
| | 3 | 自分を責任感の強い人間だと思いますか。 | | | |
| | 4 | 自分の考えをゆずらないで,最後まで押しとおしますか。 | | | |
| | 5 | あなたは礼儀,作法についてやかましいしつけを受けましたか。 | | | |
| | 6 | 何事も,やりだしたら最後までやらないと気がすみませんか。 | | | |
| | 7 | 親から何か言われたら,そのとおりにしますか。 | | | |
| | 8 | 「ダメじゃないか」「……しなくてはいけない」という言い方をしますか。 | | | |
| | 9 | あなたは時間やお金にルーズなことが嫌いですか。 | | | |
| | 10 | あなたが親になったとき,子どもをきびしく育てると思いますか。 | | | |
| NP（　）点 | 1 | 人から道を聞かれたら,親切に教えてあげますか。 | | | |
| | 2 | 友達や年下の子どもをほめることがよくありますか。 | | | |
| | 3 | 他人の世話をするのが好きですか。 | | | |
| | 4 | 人の悪いところよりも,よいところを,見るようにしますか。 | | | |
| | 5 | がっかりしている人がいたら,なぐさめたり,元気づけてやりますか。 | | | |
| | 6 | 友達に何か買ってやるのが好きですか。 | | | |
| | 7 | 助けを求められると,私にまかせなさい,と引き受けますか。 | | | |
| | 8 | だれかが失敗したとき,責めないで許してあげますか。 | | | |
| | 9 | 弟や妹,または年下の子どもをかわいがるほうですか。 | | | |
| | 10 | 食べ物や着る物のない人がいたら,助けてあげますか。 | | | |
| A（　）点 | 1 | あなたはいろいろな本をよく読むほうですか。 | | | |
| | 2 | 何かうまくいかなくても,あまりカッとなりませんか。 | | | |
| | 3 | 何か決めるとき,いろいろな人の意見を聞いて参考にしますか。 | | | |
| | 4 | はじめてのことをする場合,よく調べてからしますか。 | | | |
| | 5 | 何かする場合,自分にとって損か得かよく考えますか。 | | | |
| | 6 | 何かわからないことがあると,人に聞いたり,相談したりしますか。 | | | |
| | 7 | 体調の悪いとき,自重して無理しないようにしますか。 | | | |
| | 8 | お父さんやお母さんと,冷静に,よく話し合いますか。 | | | |
| | 9 | 勉強や仕事をてきぱきと片づけていくほうですか。 | | | |
| | 10 | 迷信や占いなどは,絶対に信じないほうですか。 | | | |
| FC（　）点 | 1 | あなたは,おしゃれが好きなほうですか。 | | | |
| | 2 | みんなと騒いだり,はしゃいだりするのが好きですか。 | | | |
| | 3 | 「わあ」「すげぇ」「かっこいい!」などの感嘆詞をよく使いますか。 | | | |
| | 4 | あなたは言いたいことを遠慮なく言うことができますか。 | | | |
| | 5 | うれしいときや悲しいときに,顔や動作に自由に表すことができますか。 | | | |
| | 6 | 欲しい物は,手に入れないと気がすまないほうですか。 | | | |
| | 7 | 異性の友人に自由に話しかけることができますか。 | | | |
| | 8 | 人に冗談を言ったり,からかったりするのが好きですか。 | | | |
| | 9 | 絵をかいたり,歌をうたったりするのが好きですか。 | | | |
| | 10 | あなたはイヤなことを,イヤと言いますか。 | | | |
| AC（　）点 | 1 | あなたは人の顔を見て,行動をとるようなくせがありますか。 | | | |
| | 2 | イヤなことをイヤと言わずに,おさえてしまうことが多いですか。 | | | |
| | 3 | あなたは劣等感が強いほうですか。 | | | |
| | 4 | 何か頼まれると,すぐにやらないで引き延ばすくせがありますか。 | | | |
| | 5 | いつも無理をして,人からよく思われようと努めていますか。 | | | |
| | 6 | 本当の自分の考えよりも,親や人の言うことに影響されやすいですか。 | | | |
| | 7 | 悲しみやゆううつな気持ちになることがよくありますか。 | | | |
| | 8 | あなたは遠慮がちで消極的なほうですか。 | | | |
| | 9 | 親のごきげんをうかがう面がありますか。 | | | |
| | 10 | 内心では不満だが,表面では満足しているように振る舞いますか。 | | | |

※ 採点は○が2点,△が1点,×が0点で,各欄ごとに合計してください。

この表に得点を書き込み,線でつないで折れ線グラフにしていください。

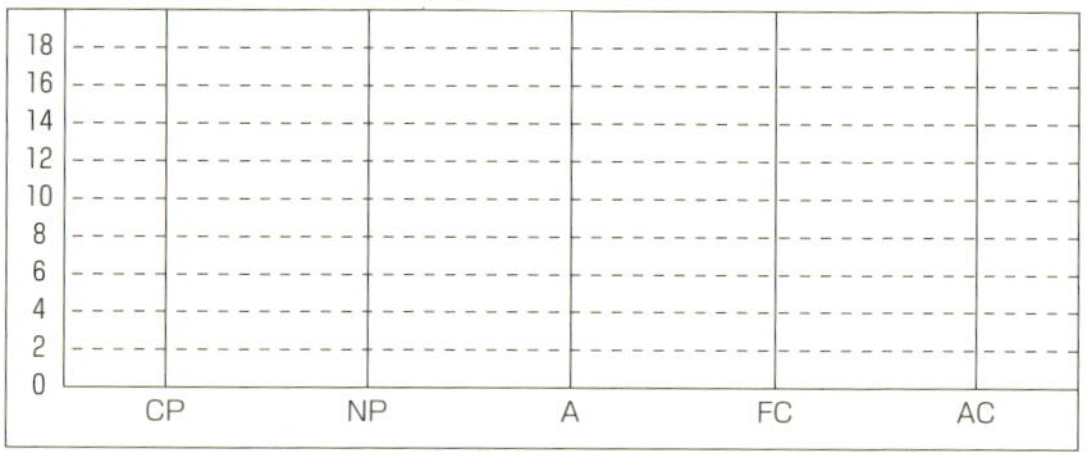


氏名

（杉田峰康『教育カウンセリングと交流分析』チーム医療より）

## みなさんは自分をどんな人だと思っていますか。

氏名

Ⅰ. いまの自分をどんな人だと思っていますか。

Ⅱ. エゴグラム・チェックリストを作成しましょう。

①いまの自分で一番高いのは何でしたか。

②いまの自分で一番低いのは何でしたか。

Ⅲ. エゴグラムから見た『いまの自分』について気づいたこと,思ったことを書きましょう。

○このエクササイズはどうでしたか。

| 1 | 2 | 3 | 4 |
|---|---|---|---|
| とても楽しかった | 少し楽しかった | あまり楽しくなかった | 全然楽しくなかった |

○このエクササイズはためになりましたか。

| 1 | 2 | 3 | 4 |
|---|---|---|---|
| とてもためになった | 少しためになった | あまりためにならなかった | 全然ためにならなかった |

○自分について何か新しい発見がありましたか。

| 1 | 2 | 3 | 4 |
|---|---|---|---|
| たくさんあった | 少しあった | あまりなかった | 全然なかった |

Ⅳ. 今日の活動を終えて,思ったこと,感じたことなどを自由に書きましょう。

切なこと」をランキングし、グループで『聞き合い活動』を通して話し合いをしました。

まず、「これからの自分にとって大切なこと」に順位をつけて選びます。ランキングは時間も考え、六個の言葉を入れられるようピラミッド型にしました。言葉の例として、九個をあげましたが、一つの欄は空欄とし、自由に自分の考えを書いてよいことを知らせました。（ワークシート参照）

一人一人がワークシートに、大切にしたいことと理由を書き終えた後、三～四名のグループで『聞き合い活動』を行いました。

『聞き合い活動』とは、発表者の考えをすべて肯定的に理解しようとするものです。発表内容が不明なときは、質問をし、明確にします。納得したときには、理解したことを伝えたり、共感や称賛の言葉をかけます。聞く側には、積極的に聞くことが要求されます。

発表者は、聞き手からの質問や確認に答えるうちに、自分の考えが明確になります。なぜなら相手によく理解してもらうために言葉を選んだり、詳しい説明を心がけるからです。それにより、自分の考えを深めることができるのです。

『聞き合い活動』を終えた後、子どもたちは、「うれしかった」「ほっとした」と感想を述べています。友達に自分の考えを受け入れてもらえたという満足感です。これが自分への自信につながっていきます。

## 大切な私　指導案

［ねらい］・自分自身のこれから「大切にしたいこと」を明らかにするとともに，聞き合い活動を通して自他の考えの相違に気づき，自分や友達の思いを尊重する気持ちをもつ。

| | 子どもの活動と発問 | ねらいにせまる手だて |
|---|---|---|
| 導入 | １．エゴグラムで分析した自分について振り返る。 | ・エゴグラム表やいままでの学習ノートからいまの自分について再確認させる。 |
| 展開 | ２．「これからの自分に大切なこと」のピラミッドランキングの方法を知る。<br>・もっとすてきな自分になるために「大切にしたいこと」という活動をします。<br>・カードの中から，自分が大切にしたいと思う順にピラミッドの形に並べましょう。１の所には一番大切だと思うもの，２の所には次に大切なものというように３の所まで並べ，ランキングを完成させましょう。そして，その理由を書きましょう。<br>３．グループごとに聞き合う。<br>・友達の考えを聞き合いましょう。<br>聞き合い活動の流れ<br>Aの意見発表<br>↓<br>聞き手の質問→Aの回答<br>↓<br>聞き手の感想→Aの言葉<br>４．全体の場で聞き合う。<br>・大切だなと思うものは，何でしたか。他の班の友達の考えを聞きましょう。<br>・全員の考えを知るため，氏名札を黒板の項目の下に貼りましょう。 | ・本時の活動内容を知らせ，目的意識をもたせ，活動に対する関心を高める。<br>・一人一人が自分なりの考えでランキングができるよう，時間を確保するとともに迷っている子どもには個別に説明や助言をする。<br>・ワークシートにある以外に，自分が大切にしたいものがあればつけ加えてよいことを伝え，自分の考えを大事にするようにさせる。<br>・選んだものについての理由だけではなく，どうして自分の中で順位があるのかにもふれさせ，現在の自分のよさにも気づかせるようにし，自己否定のみにならないように留意する。<br>・聞き合い活動の仕方の資料を参考にし，一方的な発表にならないよう，質問や感想を言うことにより，発表者・聞き手のお互いの理解を深めさせる。<br>・自分の選んだ項目についての根拠を具体的に話すよう促し，友達にわかりやすく伝えるために自分の考えを再構成させ，自分の考えを深めさせる。<br>・教師も各グループを回り，聞き手の一人として参加し，よい聞き方を示すとともに発表者に自信をもたせるよう，配慮する。<br>・氏名札を貼ることで，グループ以外の友達の様子を知るとともに，同じ項目でもいろいろなとらえ方や根拠があることに気づかせ，話し合いの幅を広げさせる。 |
| 終末 | ５．学習を振り返る。<br>・今日の学習を通して，気がついたことや感じたりしたことをワークシートにまとめましょう。 | ・自分の考えの深まりや，友達の発言から新しく気づいた思いなどを自由にまとめさせる。 |

**〈あるグループの活動から〉**

A子　私は、「責任」という言葉を選びました。責任をもって仕事をやり遂げると気持ちがいいからです。

《A子の発表を聞いて》

B子　私もやり遂げるとうれしくて気持ちがよくなります。

C男　責任をもつと、根気やがんばりの力も出てきて、ほかのことにつながっていくね。

D男　うれしいという気持ちがわかります。

C男　ぼくは、「自信」です。自信があれば、責任や意志をもって行動することができると思ったからです。

《C男の発表を聞いて》

D男　私も同じ理由で一番にしました。

A子　私は、C君は、ふだんから自信をもって行動しているなと思っていました。これからもがんばってください。

　このように自分の発表にグループのみんなが応えてくれます。そして、次は全体の場での活動です。

**〈全体での発表から〉**

　ここでは、自分のグループの中でいいなあと思った人を紹介してもらい、その子どもに発表をしてもらいました。その際にも、話し合いの方法は、『聞き合い活動』で行いました。質問・確認・賛同の意見が出されました。

A子　私は、「元気」という言葉を選びました。風邪をひいたとき、元気が一番だと思ったし、友達も元気だと楽しいからです。

《A子の発表を聞いて》

B子　A子さんが早退したとき、学級が静かになってしまいました。だから、私も元気が大事だと思っていました。

A子　私がいるだけで学級が明るくなると言われてうれしいです。

　そして、全員の一番大切にしたいものをはっきりさせるため、黒板に掲示していた項目のカードの下に自分の氏名札を貼りました。

元気…一四名　努力…七名
責任・信頼・正直……各二名
自信・発想………各一名
健康・夢・思いやり…各一名

　大切にしたいものが一緒の子どもたちは、ますます自信を深めたようでした。逆に人数が少なかったり、項目にないものを考えた子どもたちにも、「どれも大切だからな」「これは、迷ったけど二番にしたんだよ」「思い浮かばなかったけどこれも大切だよ」と、認め合う言葉が出されました。

　そして、振り返りでは、「選んだものが同じで

## 自分が大切にしたいこと

自分が大切にしたいと思う順に、
下の言葉から選んでならべましょう

1
2
3

《ランキングの理由》

《今日の学習を振り返って》

| | | | | |
|---|---|---|---|---|
| 根気<br>ねばり強く<br>やりぬく力 | 責任<br>責任をもって<br>活動する | 努力<br>何事にも<br>がんばる力 | 元気<br>いつも<br>元気な自分 | 信頼<br>人を<br>信じる気持ち |
| 自信<br>自信を持つこと | 意志<br>自分の考えを<br>もって行動する | 正直<br>正直な気持ち | アイディア・発想<br>新しい方法を<br>考える | |

も理由は違っていて、いろいろな意見があるんだな」「友達の考えを聞いていて、自分と友達の考えを大切にしていかなくちゃいけないんだなと思いました」と感想を言っていました。

いつも、友達に向けていた思いが、自分に向けられた一時間だったと思います。それは「大切な私」のエクササイズと『聞き合い活動』で生まれたといえると思います。

### 学級活動「成功物語」

今回のテーマ「自分を見つめて《大切な私》」のまとめとして取り組んだのが「成功物語」です。他者理解に比べ自己理解の低い子どもたちは、これまでの活動を通して自分のことをしっかりと見ることができるようになってきていました。

そこで、学期のまとめということもあり、いままでの自分を振り返り、成功したと思える事柄（成長したと思えること）をワークシートにまとめることにしました。ワークシートには、六つのことが書けるコーナーを用意しましたが、ほとんどの子どもがすべてのコーナーを埋めて書き出していました。これで、成功物語のねらいは十分に達成です。子どもたちは、自分のがんばりを自分で認めることができたのです。

成功物語を書いているとき、子どもたちは、周りのだれかと比べることなく、自分自身の成長や努力したことを取り上げていました。内容は、大人から見たら小さなこともありましたが、たしかにその子どもにとっては大きな成長であり、成功物語だったのです。自分のことをきちんと見つめることができるようになったからこそ書けた成功物語でした。そして、そこに書かれたことは、自分への自信であり、自分を好きになっているという証のようにも思えました。

これを書き上げた後、友達と見せ合いました。振り返りの感想では、やはり友達の成長を素直に喜んだり、感心したりしたことが書かれていました。この思いは、この学級の子どもたちの大きな長所ですから、みんなでそれを認め合いました。しかし、いままでのように、自分のがんばりを見つめることができなかったころは、成長した友達を自分の次の目標にしてしまっていました。

ところが、今回は、自分も成長したところがたくさんあるので、卑下することはありませんでした。「人の成功物語を読んだとき、その人はその人でいろいろうれしいことがあるんだなと思った。ぼくもいろいろ発表できたし友達にもすごいと言ってもらった。これも自慢の一つになるのかな」という感想を読んだとき、項目に書かれている以上の成長を感じました。

### 大切な私―自分が好きになった子どもたち

友達のよさばかりを認めていた子どもたちは、自分自身のすばらしさに気づきませんでした。けれども、いままでの活動を終え、「何だ、私にもいいところがあるじゃないか」「ぼくたちってすごいじゃないか」と、ほんとうの自分の姿を見はじめました。すると、学級が静かに動き出しました。子どもたち一人一人が自分の考えをもとうと努力をし始めたのです。消極的な子どももいますが、それでも自分の考えを発言する機会が増えました。以前よりも友達のよさを認め会う姿も目立ちました。やはり、自分自身に自信が生まれたせいでしょうか。

**参考文献**
國分康孝監『エンカウンターで学級が変わる　小学校　1〜3』図書文化

4　コミュニケーションの力を育てる

# 自信をもって発表できる安心感のある学級

**藤田由美子**　ふじたゆみこ
千葉市立園生小学校教諭

**こんなときに！**
みんなの前で自信をもたせたいとき

**■ねらい**
子どもたちが集団の中で自分を表現できる喜び，集団への所属感を味わう。

**■学年**　小３
**■時期**　10～12月
**■時間**　学活・道徳
**■集団**　学級

**★諸富のひとこと**
「だって恥ずかしいんだもん」「失敗して何か言われるの嫌だー」――クラスの雰囲気がよく伝わってくる言葉です。本実践は，こんなクラスを，安心して何でも言えるクラスにじっくり育てていったもの。その結果，①挙手できる子どもや，友達の意見に自分の意見を言える子どもが増えた，②「恥ずかしい」という声が聞こえなくなった，などの変化が見られました。クラスの変化が手に取るようにわかるいい報告です。

**4月**
●クラスがえ直後で友達のことをあまりよく知らない。
■クラスの仲間づくりの一つとして，朝の会，授業が始まってから五分間，休み時間，体育，学活などで活用。
・たんていごっこ　・こおりおに
・誕生日チェーン　・聖徳太子ゲーム
・ジャンケン列車・サッカージャンケン
・ほめほめジャンケン

**10月**
●人前で話をする，すすんで発表するなど自分を表現することが苦手な子どもが多い。
■道徳の総合テーマ「自信をもって」にエンカウンターを活用　□音楽…ミニ発表会（グループのみんなと心を合わせる）

**11月**
■学活
・朝起きてからのこと
■自分のよさを知る
・いいとこさがし
■自分ががんばったことを振り返る
・自分への手紙
□体育…表現運動（自分を全身で表現する）
□道徳…（正しいと思うことは自信と勇気をもって行う）

**12月**
●クラスや学年，学級行事で人前で話す係（司会，初めの言葉など）に積極的に取り組むようになった。
●クラスの友達の気持ちも考えながら発言したり，話し合ったりすることができるようになった。

## なぜやりたかったのか

クラス解体後の三年〇組に、始業式から遅れて二日後に着任しました。

解体後独特の、あのよそよそしさを感じました。「よろしくお願いします」「いろいろ教えてくださいね」の言葉に、返ってくるのは、二、三人の「はい」という返事と、恥ずかしそうな子どもたちの笑顔でした。

そこで、自分のことを気軽に話せ、友達と楽しみながらうちとけていけるようにと、構成的グループエンカウンターを活用していきました。

しだいにクラスの雰囲気は和み、うちとけていきました。けれど、授業のときは違いました。ノートに考えは書いてあるのに、しかもそれには丸がついているのに、手をあげて発表する子どもはほんの数名です。みんなの前で話すような係に立候補するのも、いつも決まった子どもばかりです。勧めてみても、「だって恥ずかしいんだもん」「間違えて何か言われるのが嫌だ」「合ってるかどうか、自信がない」ということでした。

「せっかく自分の考えをもっているのに、それを自分だけのものにするのはもったいない」「みんなで伝え合ってもらいたい」と、そう考えた私は、あえて自分を表現する活動を取り入れることにしました。同時に、自分のよさを知り、自分に自信をもてるような場を設定しました。

## 自分を表現すること

十月のある学活のこと。「みんなの前で話すのが得意な人?」にあがった手は五、六本。

「自分のことを話すんだけど、どう?」

これにも五、六本の手。

「いままですごしてきたこの仲間に話すんだよ」と念を押しても、返ってくる答えは「でも恥ずかしい」「何て言っていいかわからない」。

新しいクラスで六か月たったにもかかわらず、仲よく遊んでいる仲間たちに対しても、自分のことを語るのには抵抗があるようでした。

そこで「今日の学活では、みんなに朝起きてからのことをじっくり話してもらいたいと思います」と言ったところ、第一声は「えー」。喜びの「えー」であり、困ったの「えー」でもありました。

誕生日の近い人とペアをつくって、始めました。相手に話をじっくり聞いてもらい、一生懸命語る活動を通して、みんなは次のような感想をもちました。

「話すことはとても楽しいことなんだ」「とても緊張した」「友達に聞いてもらえてうれしかった」。

決められたテーマについて友達の前で話すことのむずかしさや恥ずかしさや緊張感を感じた子どももいましたが、聞いてもらえるうれしさ、話すことの楽しさも実感していたようです。

### ■朝起きてからのこと

・二人組をつくり、「朝起きてから、学校に来るまでのこと」を順番にできるだけ詳しく話す。聞く人は聞き役に徹して、自分のことを話し始めない。
・二つの組が一緒になって四人組になり、自分が聞いた友達の話を、他の二人にできるだけ詳しく話す。
・四人全員が順に話す。
・友達に話をしたり、友達の話を聞いたりして考えたこと、感じたことなどを伝え合う。
・振り返りカードに、感想を書く。

### ■自分への手紙

・本学期の出来事を振り返る。
・本学期にできるようになったことやがんばったことを発表し合う。
・各自「がんばったことベスト5」を選んでワークシートに書く。
・自分にあげたい賞を選び、賞状コーナーに書く。
・自分への手紙を書く。
・カードを全体で読み合う。
・全体で感じていることを発表し合う。

### 自分のよさを見つけてもらうと…

人にほめてもらうと人間はどうなるか。それは私自身、体感し、よくわかっています。

まず、心の中でにんまり笑い、それが顔にも現れ、ニッコリ笑顔となります。「自分にもいいところがあるんだな」「この人は私を見ていてくれたんだな」「もっとほめられたいな」と考え、自分に自信がもてるようになります。

そこで考えたのが「いいとこさがし」。これを使って子どもたちにさらに自信をもってもらいたいと思いました。

友達のよいところやがんばったことを書く場面では、グループごとに話し合い、クラス全員にひとことずつ書いていきました。グループで話し合って書くよさは、同じ人物に対して違うよさを感じている人がいるとわかること、一人で考えるよりたくさんのよさを知ることができることです。

「この人のいいところは…」「私が休んだときに手紙を毎日書いてくれてたよ」「それは知らなかったな」。

そのほかにも「うそはぜったいにつかない、いい人だよ」「教科書を忘れたときに見せてくれた」「発表を大きな声でできるようになった」「二年生のころと比べて明るくなった」「大きな声でいつもあいさつしてくれる」など、友達一人一人のよさが書かれたカードができました。

## いいとこさがし　指導案

［ねらい］・友達のよさを見つけ，ほめることができる。
　　　　・友達が見つけた自分のよさを知り，受け入れられることの喜びを味わう。

| | おもな活動と内容 | 教師のかかわりと働きかけ |
|---|---|---|
| 導入 | 1．今日のねらいについて知る。<br>［ねらい］友達のよいところをたくさん見つけよう。 | ・日ごろから子どもたちのよいところやがんばったことをほめるよう心がける。 |
| 展開 | 2．自分のカードに名前を書く。<br>3．班ごとに集め，他の班にわたす。<br>4．わたされたカードに書く。<br>〈ルール〉<br>①友達のよいところやがんばっていると思うことを書く。<br>②班のみんなで相談して決める。<br>③決められた時間内（2分）で書く。<br>5．班ごとに集め，次の班に回す。全員分が回るまで続ける。 | ・男女混合の班にするなど，新たな発見が増えるようグループづくりに配慮する。<br>・見た目のよさ，内面的なよさなど，よさにもいろいろあることを伝える。<br>・用意するもの<br>いいとこカード　1人1枚<br>シール　1人80枚くらい<br>筆記用具<br>机<br>・もしもよさが見つけられないときは担任に聞きにくるよう伝える。<br>・班のみんなで話し合って1つだけ書くが，なるべく前に書いてあることと同じことにならないよう助ける。 |
| | 6．机の上にカードを並べ自分のカードを見つけて読む。<br>7．友達のいいところを読んで自分もそう思うところにシールをはる。 | |
| 終末 | 8．いいとこさがしについて振り返る。<br>9．まとめの話を聞く。 | ・簡単に全体で感想を出し合った後カードに記入させ，担任のひとことをそえて掲示する。 |

［評価］・友達のよさを見つけ，ほめることができたか。
　　　・友達が見つけた自分のよさを知り，受け入れられることの喜びを味わうことができたか。

カードを見合う場面では、「そうそう」「私も見せてもらったことがある」「納得、納得」などと言いながら、自分もそうと思った項目に次々とシールをはっていました。自分のカードを見たときは、どの子どもも笑顔でとてもうれしそうでした。

活動を振り返り、感じたことを話し合ったときには、「私の思っていた通りのことが書いてある」「わあ、こんなに書いてあってうれしい」「自分では普通にやっていると思っていたことなのに書いてくれた人がいる」「青のシールが輝いて見える」「いい気持ちになった」「自分はこんなにいいことをしているんだな」「いいとこさがしをまたやりたい」「またたくさんシールをはってもらえるようにがんばる」「お母さんに言われたことと同じことが書いてある」などという声が聞かれました。エクササイズ終了後も笑顔は絶えず、少々興奮気味の子どもたちは、「いいとこさがし」の用紙をじっと見つめ、大切に机の引き出しの中にしまっていました。

いままで気づいていなかった自分のよさやよい行いを知ったり、また友達に受け入れられている喜びを味わったりしたことで、少し、自分に自信をもてたようでした。

### 自分のがんばりを振り返って

二学期終了前に、一人一人のまとめとして「自分への手紙」を行いました。手紙を書く前には、これまでを思い出す意味で、二学期の出来事をあげさせました。そんのう（園生）まつり、保育所交流、習字、音読発表会、そうじ、スイートポテト作り、植物栽培、給食…など、とにかく思いつく出来事のほとんどが出てきました。

そして、この中から、「がんばったことベスト5」を決めました。選ぶ場面では、「たくさんあって選べない」「これが絶対一位だ」などと言いながら、自分を見つめ直し、満足そうな顔をしていました。書かれたことは「やっとこうもりふりおりができた」「前よりもきれいな字で習字がかけた」「すみずみまできれいにそうじができた」「鉄棒でちきゅうまわりができた」「鉄棒のにんじゃおりを何度も練習して成功に近づいた」「授業参観で緊張しないで発表できた」「発表が上手にできた」「嫌いな物を一口でも食べた」などであり、一人一人が自分なりのベスト5を決めることができました。

そして、いよいよ「自分への手紙」を書く場面では、照れくさそうにしている子どももいましたが、紙が配られるとすぐに書き始め、自分自身をほめる楽しさを味わっていたようです。

### その後の子どもたち

急に何かが変わった、全員が手をあげて発表するようになったとはけっしていえません。しかし、ふとした場面で「前に比べて成長したな」と思うようになりました。例えば次のようなことです。

- あいさつや返事の声が大きく元気になった。
- 担任に自分の思いを自分から伝えられるようになった。
- 手をあげて発表する子どもが増えた。
- 友達の意見に対して自分の意見を言うことができる子どもが増えた。
- 「恥ずかしい」という声が聞こえなくなった。
- 人前で話す係に進んで立候補するようになった。
- 友達ががんばったことに対して、拍手や賞賛の言葉をかけるようになった。

自分の思いやがんばりを表現するときに、子どもたちは緊張感や悔しさもときには味わったようです。けれどもそれを乗り越えたことで彼らの顔は、自信に満ちあふれ、生活ぶりがとても明るくなりました。

### まずはクラスのみんなと

子どもたちが自分に自信をもてるようになるには、クラスの仲間意識づくりが欠かせません。この人たちの前では失敗もできる、何でもできる、助けてもらえる、認めてもらえるという安心感をもてるようにという思いで、クラスづくりを進めてきました。

そのときに活躍したものの一つがエンカウンターです。エクササイズの積み重ねが、子どもたちの心をほぐし、仲間づくりに大きな力を与えてくれたと思っています。

4　コミュニケーションの力を育てる

# 聞き合い活動で友達の話を聞ける子に

樋口雅也　ひぐちまさや
千葉市立院内小学校教諭

**こんなときに！**
クラス解体後の新学級で

**■ねらい**
互いに意見をよく聞き合い，安心して自己表現ができる学級の雰囲気をつくる。

**■学年**　小5～6
**■時期**　1～2学期
**■時間**　学活・道徳・国語
**■集団**　学級

無人島で必要なものは？
ノコギリを選びました。木を切って、家を建てるからです。
人にとって住む所が一番大切と考えたんだね。
なるほど、住む所は大切だね。
ノコギリを使って、何か作ったことはありますか？
タローの家をつくったよ。
話す人がグルグル回る。
今度はぼくが話す番だ！

**★諸富のひとこと**
聞き合い活動は，グループエンカウンターのシェアリングをより実践的に方法化し，教科や道徳の学習でも応用可能にしたもの。千葉市の園生小学校のオリジナルで，私は何度も見に行きましたが「小学生でも地道にトレーニングすれば，こんなに相手の話を聞けるようになるのか」と驚かされました。私は，全国の小中学校の教室に「聞き合いの手引き」が掲示されるようになればと思っています。

4月 → 10月

●新しい学級で人間関係がまだ安定しておらず、十分に自分を表現できない状態。

**ステップ1**
安心して意見の言える学級の基盤づくりとして、楽しい「聞き合い活動」を展開。
■学活…無人島SOS
現実に必要なもの

●聞き合いの方法や意図をつかみ、「手引き」を使って楽しんで取り組む。

●話し手と聞き手が一対一の関係に終始し、グループのほかのメンバーにまで関係が発展しない。

**ステップ2**
メンバーが相互にかかわり合える「星形の聞き合い」をめざして展開。教師も積極的に参加。
■道徳…あなたならどうする
私のクラスに来てください

**ステップ3**
自分の価値観やしっかりした意見をもち、より質の高い聞き合いができるように展開。
■道徳…しあわせ
■国語…意見文の発表

●もっと多くの友達の意見を聞いてみたい、自分のことをもっと知ってほしいと願う姿が見られた。

●聞き合い以外の場面でも、相手の考えをよく聞こうという姿勢が育ってきた。また、自分の考えを臆せず発表できるようになってきた。

## 学級の基盤をつくる

高学年になるにしたがって、自分の考えに自信をもって発表できる子どもは少なくなってきます。それは、「間違って、友達に笑われたら恥ずかしい」という気持ちが強くなってくるからです。ここで教師が支援しなければ、発言力のある子どもしか活躍できない学級になってしまいます。

そこで、学級づくりの早い段階で、安心して間違えられるクラス、何を言っても笑われないクラスという雰囲気をつくり上げていくことが大切です。そのために、私は「聞き合い活動」を取り入れました。

## 聞き合い活動とは

「聞き合い活動」とは、相手の意見に反論せずに、聞くことに重点をおいた話し合いの方法です。ここでの「聞く」とは、単に相手の話を聞くことにとどまらず、「相手の考えを明らかにするために主体的に聞く」ことを意味しています。

具体的には、四～五人組をつくり、そのうちの一人が話し手になります。残りの人は順番に聞き手になり、話し手が述べた意見に対して、「○○さんが～と言ったのはどうしてですか?」と質問したり、「○○さんが言いたいことは、～ということですか」と確認したりしながら、話し手の考えをより深く理解することに努めます（詳細は下記参照）。

この活動のねらいは次の点にあります。

・話し手として質問や確認に答えていくことで、自分の考えをより明確にする。
・自分の考えが大切にされているという自己肯定感を高める。
・聞き手として、いろいろな考え方があることに気づき、友達の意見を大切にしていこうという気持ちを高める。

## 聞き合い活動の第一歩

初めは楽しいエクササイズで実践してみます。題材としては、『エンカウンターで学級が変わる』の中で紹介されている「無人島ＳＯＳ」などが取り組みやすいと思います。

私はこれを聞き合い活動として展開できるようアレンジして行いました。初めは、話し手に対して質問や確認がうまくできない子どももいるので、下記のような「聞き合いの手引き」を用意して行いました。

## 無人島ＳＯＳ（ステップ1）

私はこんなインストラクションで始めました。

「先生は、このクラスをだれもが安心して意見の言えるクラスにしたいと思っています。そこで今日は、友達が安心して自分の意見を言えるよう、お互いに助けてあげる『聞き合い』とい

### 聞き合い活動の流れ

| | |
|---|---|
| Ｃ3 | Ｃ1 |
| Ｃ4 | Ｃ2 |

①Ｃ1の意見発表
　Ｃ2の質問や確認→Ｃ1の応答
　Ｃ3の質問や確認→Ｃ1の応答
　Ｃ4の質問や確認→Ｃ1の応答
②Ｃ2の意見発表（以下同様）
③Ｃ3の意見発表（以下同様）
④Ｃ4の意見発表（以下同様）

### 聞き合いの手引き

(1)質問の仕方
・～と考えたのはどうしてですか。
・～について、もう少しくわしく教えてください。
・～というのは、例えばどういうことですか。
・～についてはどう思いますか。

(2)確認の仕方
・○○さんの言いたいことは～ということですね。
・○○さんの考えをまとめると、～ということでいいですか。

(3)感想の言い方
・○○さんの～というところがよいと思います。
・○○さんの～というところで、なるほどと思いました。

### ■無人島ＳＯＳ

・無人島で生活するために必要なものの例がいくつか書かれたワークシートを配る。
・ワークシートから自分が最も必要だと思うものを三つ選び、その理由を書く。
・四～五人一組の小グループで、順番にお互いの考えを聞き合う。

うゲームをします」

　そしてプリントを配り、やり方の説明をした後、「無人島の生活に必要なものを選ぶとき、絶対に選んではいけないものがありますか」と尋ねました。

「ありません」と子どもたち。

「そうだね。つまり、このゲームには間違いはありません。だから友達が何を選んでも、『それはちがうよ』などと言ってはいけません。質問や確認をしながら、なぜその人がそう考えたのかをよく理解してあげましょう」

**＜あるグループの様子＞**

「ぼくはノコギリを選びました。それは、木を切って家を建てられるからです」

「なるほど、住むところがないと困るからね。ぼくは気づかなかった」

　するともう一人が、「人にとって住むところがいちばん大切だと考えている、ということですか」と尋ねました。

　話し手はちょっと考えて、「そうです」と答えました。

**＜活動全体のまとめ＞**

「今日、聞き合いをしてみてどうでしたか」

「いろいろな話が聞けて、とても楽しかったです」

「意見を発表するときはどうでしたか」

「みんなが自分の話をよく聞いてくれてうれしかったです」

## 星形の聞き合いをめざして

　聞き合い活動は四～五人一組で行いますが、初めのうちは話し手と聞き手の一対一の関係になりがちです。しかし、聞き合い活動を重ねながら、一人の話し手の考えに対して、他のメンバーが自由に聞き合いを展開できるよう活動の質を高めていきたいと考えました。

　私はそのような聞き合いを「星形の聞き合い」と名づけています。一筆書きで書く星の形をイメージしてください。そのように、グループのメンバーが互いに関係し合うことのできる聞き合いのことです。

　このような聞き合いが展開されるためには、教師が一緒に加わって、よい聞き方や答え方の例を示していくことが大切です。

## 私のクラスに来てください（ステップ2）

　次は、自分がクラスに来てほしいと思う有名人を話し合う活動の様子です。星形の聞き合いになるよう、積極的に私も参加しました。

**＜あるグループの様子＞**

「ぼくが来てほしいと思う人の一人は、サッカーの中田選手です。どんな練習をしたらあんなにうまくなれるのかを聞きたいです」

「○○君はサッカーが大好きだからね」

「とくに聞いてみたいことは何ですか」

「やっぱりパスの出し方かな」

## 私のクラスに来てください　指導案

[ねらい]　・自分の考えをよく聞いてもらう活動を通して，自分らしさに気づき，認めてもらえる満足感を味わわせる。
　・友達の考えをよく聞いて理解を深めることにより，友達の考えを大切にしていこうとする気持ちを高める。

| | おもな活動と内容 | 教師のかかわりと働きかけ |
|---|---|---|
| 事前 | ・ワークシートへの記入 | ・自分の考えをしっかりもち，自信をもって本時の活動に参加できるよう，教室に来て話してもらいたい有名人とその理由をワークシートに事前に書かせておく。 |
| 導入 | 1．じゃんけんゲーム | ・ウォーミングアップとして楽しくゲームを行い，和やかな雰囲気をつくる。 |
| 展開 | 2．4～5人の小グループになり、友達の意見を聞き合う<br>3．全体で他のグループの友達の考えを聞き合う | ・共感的な理解を言動で示せるよう，うなずきながら聞いたり，「よくわかりました」という言葉を添えたりするとよいことを助言する。<br>・教師もグループを回り，共感的に意見を聞くことで自分の考えに自信をもてるようにする。また，それによってよい聞き方を示せるようにする。<br>・他のグループにも聞かせたい考え方を紹介してもらい，全体で分かち合う。<br>・教師からも質問をし，話を広げられるようにする。 |
| 終末 | 4．振り返り | ・振り返り表を用い、友達や自分を見つめ直して気づいたことを書けるよう助言する。<br>・発言を促し、聞き合いの方法を生かして子どもが感じたことを明確化する。 |

「例えばどうしたらきれいなスルーパスが出せるのか、なんてことかな」私がつっこみました。

「そうです。ぼくもサッカークラブの中で中田選手と同じポジションだから」

「そうなのか。だったら聞きたいことがたくさんあるだろうね」

すると、これまで黙って聞いていた子どもが、

「ぼくだったら外国チームの中でどんな気持ちかって聞いてみたいです。○○君はどうですか」と参加してきました。

「なるほど。いい質問だね」と私。

「中田選手は外国でけっこう苦労しているという話を聞いたことがあるので、ぼくも外国での様子は聞いてみたいです」

### よい聞き手がよい話し手を育てる

聞き合いは、エンカウンターとしてのみならず、いろいろな学習場面での話し合いの方法として位置づけていくこともできます。

私は、道徳や国語の学習の中にも積極的に聞き合いを取り入れました。そこでは、ゲーム的な要素が薄くなり、個々の価値観や考え方を真剣に語る内容の濃い聞き合いが見られるようになりました。

以下は、子どもたちから出た感想です。

・自分から話すことは苦手だけど、みんながいろいろな質問をしてくれると、自分の考えが話しやすくてうれしいです。

・いろいろな友達の考えを聞くことができて楽しいです。違う友達と同じテーマで聞き合いをやってみたいです。

このように、聞き合いによって自己表現の苦手な子どもも知らず知らずのうちに自分の考えを表現できるようになっていきます。

また、多くの友達の意見を聞くことの楽しさを知り、もっといろいろな友達の考えを聞きたい、そして自分のことをわかってもらいたいという気持ちが生まれてきています。

聞き合い活動によってよい聞き手を育てることは、自己表現のできるよい話し手を育てることにつながるのだと実感しています。

## わたしのクラスに来てください

月　　日　　　　年　　組　　名前＿＿＿＿＿＿＿＿

下の□の中にたくさんの有名人の名前がありますね。もし，この教室に来て話をしてもらえるとしたら，だれに頼みたいですか。２人選んで，その理由も書いてください。「その他」を選んだ人は，自分で自由に名前を書いてください。

1．ドラえもん
2．総理大臣
3．星野富弘
4．ウッチャン・ナンチャン
5．グレイ
6．名探偵コナン
7．聖徳太子《しょうとくたいし》
8．モーニング娘
9．キンキキッズ
10．マイケル・ジョーダン
11．明石家さんま
12．キムタク
13．マグワイヤ選手
14．中田選手（サッカー）
15．サザエさん
16．その他

| 来てほしい人 | 理由（どんな話が聞きたいか） |
|---|---|
| | |
| | |

4　コミュニケーションの力を育てる

# 異学年交流でふれあいの楽しさを


**金原直美** きんばらなおみ
**上村知子** うえむらともこ
千葉市立新宿小学校教諭


**こんなときに！**
学年を超えた交流を深めたいとき

**■ねらい**
異学年の交流を図りながら，「伝え合い」「認め合い」「共に生きていける」子どもたちを育てる。

**■学年**　小５～６
**■時期**　１～２学期
**■時間**　朝の時間・学活・裁量
**■集団**　異学年

**★諸富のひとこと**
少子化に伴い，学年のクラス数も１クラスの人数も減少の一途。そんな中，異学年交流はこれからますます重要性を増してきます。といっても，ふだんはあまりつき合いのない異学年同士。なかなか仲よくなりにくいものですが，そこでエンカウンターの出番。エクササイズをすることにより，ゲーム感覚で楽しくお互いのことを知ることができます。楽しく活動的なエクササイズを選ぶのがポイントですね。

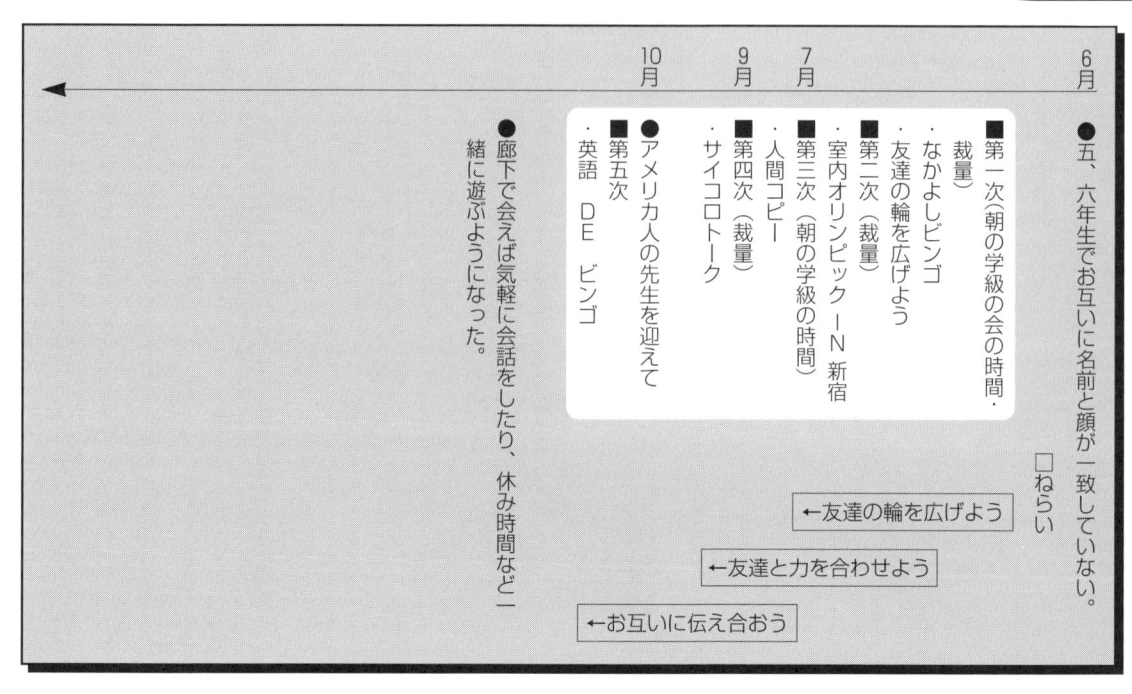

6月
●五、六年生でお互いに名前と顔が一致していない。
□ねらい
←友達の輪を広げよう
←友達と力を合わせよう
←お互いに伝え合おう

■第一次(朝の学級の会の時間・裁量)
・なかよしビンゴ
・友達の輪を広げよう
7月
■第二次（裁量）
・室内オリンピック－N 新宿
■第三次（朝の学級の時間）
・人間コピー
9月
■第四次（裁量）
・サイコロトーク
●アメリカ人の先生を迎えて
10月
■第五次
・英語　DE　ビンゴ

●廊下で会えば気軽に会話をしたり、休み時間など一緒に遊ぶようになった。

## いまこそ「コミュニケーション」

「伝え合い」「感じ合い」「認め合う」ことは「生きる力」の基礎となるものです。言葉を使い、人と人とが理解し合って課題を解決することはとても大事なことです。

しかし、本学級の子どもたちは、休み時間になっても、室内で個別に過ごしたり、いつも決まった友達と遊んだりすることが多く見られました。そのうえ、放課後になっても塾や習いごとに時間を費やすことが多く、人とのかかわり合いの中で、自他を見つめて生活するゆとりに欠ける日常を過ごしています。

そこで、他者と積極的にかかわる機会や場を多く設定することにより、相手を思いやる心を育てるとともに、「いまの自分にできることは何か」を自分で見つけ、自分で意識して活動できる子どもを育てていこうと考えました。

## こんな子どもたちを育てたい

少子化のなか、学年のクラス数も、一クラスの人数も少なくなってきているなかでの実践でした。

まずは、五年二組と六年一組との異学年同士のコミュニケーションづくりから始め、徐々に異集団交流へと広げていくことにしました。

異学年同士では、「よく知らない」「顔と名前が一致しない」などという子どもたちがほとんどで、自分から積極的にかかわろうとする姿は見られませんでした。

そこで、朝の学級の時間や学級活動、裁量の時間を充分活用して、ものの見方・考え方を育て、いままで見えなかったものや、わからなかったものにも目が向けられるように計画しました。

## なかよしビンゴ　友達の輪を広げよう（六月）

異学年での初顔合わせです。できるだけ多くの人の名前にふれられるエクササイズをしました。出会った人と握手をし、名前をサインし合います。二十五人分のマスが埋まったら、これをもとにビンゴゲームをしました。その後、異学年の中から五人を選んでインタビューし合いました。

まだ名前と顔が一致していない段階なので、最初はインタビューも一問一答形式が多かったのですが、徐々に、「それはどうして？」「わたしはね……」などと、会話が成立するようになってきました。

振り返りカードには、「六年生のAさんは思っていたより楽しい人だということがわかった」「いろいろなことが聞けてよかった」などという感想が書かれていました。

## 室内オリンピック　IN　新宿（六月）

体を使うことを中心に、知恵を出し合ったり、協力し合ったりするゲーム大会を実施しました。どのゲームも一人だけがんばっても勝つことはできないので、グループごとに声をかけ合いながら競技に集中していました。

「楽しかった」「また一緒にやりたい」「さらに仲よくなれた」と、子どもに大好評でした。

## 人間コピー（七月）

学年混合の四～五人組で、別の場所にある見本の絵を、協力して時間内に再現するエクササイズです。

「この水草のハートは六個分だったよね！」

「今度は魚の数を数えてくるよ」

「お願い」

見本を見に行ったり、絵を描いたりと、みんなで協力してがんばる姿がたくさん見られました。また、各グループの中に、みんなの意見をまとめる子や、いい考えを出したりする子どもも出てきたので、スムーズに活動できました。

しかし、シェアリングの段階では、いい考えに対してほめ合うことが少なかったので、よいことをその場でほめ合える雰囲気づくりが必要だと思いました。

## サイコロトーク（九月）

スゴロクの要領で行い、止まったマスに書かれているトピックをグループの人たちに話すエクササイズです。

いろいろな人と交流できるように、絵カードを使って、各グループが異学年男女混合になるようにしました。

最初のころ、子どもたちは、一つ答えると「はい、次の人へ」と、サイコロを振ってすごろくゲームを楽しんでいました。そこで、「先生もそんな経験あるなあ」「それはどうして?」などと、教師が一緒に話の輪に入るようにしました。すると、子どもたちも、友達の答えに対して相づちをうったり、質問をしたりするようになりました。

「いままでとは違う友達の顔が見えた」「○○さんの話がまた聞きたい」と、次回の交流を心待ちにする様子がうかがえました。

### エイゴ　DE　ビンゴ（十月）

異学年交流の五回目。日本語がほとんど話せない四名のアメリカの先生を迎えて、子どもたちの表情は少々緊張気味でした。

このエクササイズは、ビンゴカードに書かれた内容を多くの人に Do you like ~? と尋ね、答えが Yes だったらマスを塗りつぶせるというものです。

ルールの説明をして、さらに「できるだけ多くの人に声をかけたほうが、ビンゴは早く完成するよ」とアドバイスをし、いよいよ活動が始まりました。

今回は、英語を話せない子どもたちが、どの

## 広げよう　交流の輪5「エイゴ　DE　ビンゴ」　指導案

［ねらい］・簡単な英会話を通して，できるだけ多くの人とふれあうことができる。
・できるだけ早くビンゴを完成させるための工夫をしながら，ゲームを楽しむことができる。

| | 児童の学習活動 | 教師の支援および留意点 |
|---|---|---|
| 導入 | 1．今日のエクササイズのねらいについて知る。<br>2．アメリカの先生方の自己紹介を聞く。 | ・いままでのエクササイズを振り返り，今回のエクササイズの内容とねらいを知らせる。<br>・「英会話」を使って活動することをより意識させる。 |
| 展開 | 3．エクササイズ「エイゴDEビンゴ」のやり方とルールを知る。<br>4．基本例文とビンゴゲームに出てくる英単語について，発音の練習をしながらエクササイズの準備をする。<br>5．エクササイズ開始。（25分程度）<br>・2人組になりジャンケンをする。<br>・勝った人は，負けた人に「Do you like～？」と尋ねる。<br>・友達の答えがYESの場合，自分のプリントに○をつける。<br>・○が5つ並べばビンゴの完成。<br>・ビンゴが完成したらステージの上へ上がる。 | ・用意するもの<br>ビンゴカード各1枚　筆記用具<br>・正しい発音ができるように，アメリカの先生方に手本を示していただく。<br>・できるだけ早くビンゴが完成するように，多くの人とジャンケンを組むように促す。また，同じ人と続けてジャンケンしないように呼びかける。<br>・YESと答えてもらえそうな人を探すとよいことを知らせる。<br>・エクササイズにうまく取りかかれない子どもに対し，教師も一緒に参加し，活動の援助をする。 |
| 終末 | 6．シェアリングをする。<br>・エクササイズの感想を発表し合う。<br>・振り返りカードにまとめる。 | ・エクササイズを振り返り，多くの人とふれあうことのよさに気づくことができるようにする。 |

［評価］・簡単な英会話を通して，できるだけ多くの人とふれあうことができたか。
・できるだけ早くビンゴを完成させるための工夫をしながら，ゲームを楽しむことができたか。

エイコ DE ビンゴ

snakes スネークス ( YES, NO )
baseball ベースボール ( YES, NO )
arithmetic アースメティック 算数 ( YES, NO )
milk ミルク ( YES, NO )
school スクール ( YES, NO )
apples アップルズ ( YES, NO )
skateing スケーテング ( YES, NO )
basketball バスケットボール ( YES, NO )
rats ラッツ ( YES, NO )
cherrys チェリーズ ( YES, NO )
running ランニング ( YES, NO )
grapes グレープス ( YES, NO )
Japanese ジャパニーズ 国語 ( YES, NO )
rain レイン 雨 ( YES, NO )
elephants エレファンツ ( YES, NO )
skiing スキーイング ( YES, NO )
dogs ドッグス ( YES, NO )
snow スノー ( YES, NO )
swimming スイミング ( YES, NO )
physical education フィジカル エデュケーション 体育 ( YES, NO )
soccer サッカー ( YES, NO )
music ミュージック ( YES, NO )
cats キャッツ ( YES, NO )
water melons ウオーターメロンズ ( YES, NO )
green pepper グリーンペッパー ピーマン ( YES, NO )

ように人と接するのかを興味深く見守っていましたが、あちらこちらで、身振り手振りを交えながら積極的にふれあう姿が見られました。

　また日ごろ、消極的だった子どもが、「Do you like basketball?」と、言葉が通じるまで何度も相手に尋ねている、ほほえましい場面も見られました。ここで得た自信から、後に、校内の数々の実行委員に立候補することができるようになった子どももいました。

　子どもたちは、終始、笑顔いっぱいで活動することができました。その後の感想でも、「最初は言葉がわからなかったけれど、だんだん通じてきておもしろかった」「心が通じ合えた」「いろんな人と話せてよかった」「もっと話がしたい」など、異学年・男女・言葉の壁を超え、他者とかかわることに抵抗感がなくなってきたことがうかがえました。

## その後の子どもたち

　計五回の活動を経て、互いを知らなかった子どもたちが、下のグラフのように変容していきました。

　また、最初は、まったく知らなかった者同士が、「話してみると、気が合う人だとわかった」「朝の陸上大会の練習ですごくがんばっているなあと思った」など、異学年でも、自分と性格の合う友達を見つけたり、友達を肯定的にとらえたりするようになりました。廊下で会えば気軽に会話をし、休み時間や放課後には一緒に遊ぶ姿も見られるようにもなりました。

　このように、異学年同士の交流でも、ねらいに応じた活動を計画的に積み重ねていくことによって、相手を意識しながらかかわろうとしたり、肯定的にとらえようとしたりする気持ちが育つことがわかりました。

## 実践を終えて

　本実践は、一年生と六年生というような、いわゆる兄弟学年での「たて」の交流というよりも、仲間を増やす「よこ」の交流であったような気がします。高学年同士ということで、同じ活動をしても立場が固定せず、自由に活動できたことがその理由の一つにあげられるでしょう。

　現在、少子化に伴い、学年のクラス数も、一クラスの人数も少なくなってきています。そんな中、異学年同士の交流は増えていくのではないかと思われます。このように学年を越える実践の場合、とくに「時間の確保」に気を配りながら進めることが大切です。

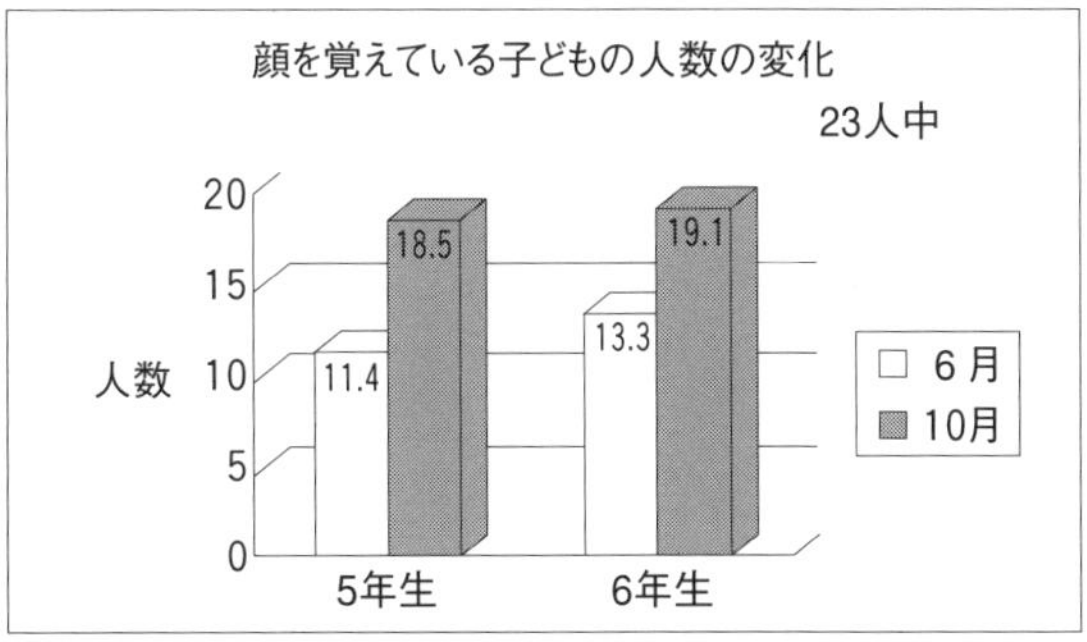
顔を覚えている子どもの人数の変化
23人中
人数
0
5
10
15
20
11.4
18.5
13.3
19.1
6月
10月
5年生
6年生

　本実践は、朝の学級の時間や裁量の時間を有効に使いました。

　とにかく「実践してみよう」を合言葉にした「だれにでもできる」実践です。

　最後に、本実践は、その後、異学年T・Tでの他地域および異年齢集団との交流へ発展させました。

**参考文献**
坂野公信監『学校グループワーク・トレーニング』遊戯社
雑誌『学級経営』十月号　明治図書

5　総合的な学習で生きる力はこう育てる

# 自己理解の総合的な学習「世界でたった一人の自分」

**平田元子** ひらたもとこ
**尾高正浩** おだかまさひろ
千葉市立打瀬小学校教諭

**こんなときに！**
いまの自分を見つめるとき

■**ねらい**
最高学年として自信をもてない子どもたちの自尊感情を高めるために。
■**学年**　小6
■**時期**　1学期
■**時間**　学活・道徳・総合
■**集団**　学年

★**諸富のひとこと**
この実践はエンカウンターのエクササイズによって総合的な学習の時間に取り組んだ代表的な実践です。前半（4～5月）は教師がリードする形で自己理解のエクササイズを集中的に行い，後半（6月以降）は子ども自身がもっと自分を知るために必要なエクササイズは何かを話し合いで決めて，それに取り組んでいます。まさに「自ら学ぶ」とはこのこと。「世界でたった一人の自分」というテーマも魅力的です。

4月

●最高学年の自覚をもとうとしているが、自分には自信がない。
●「ほんとうの自分をみつけよう」という総合の年間テーマが決まり、自分について関心が高まる。
(1)「私の十二年史」の学習を通して、いままでの自分について知る。お世話になった人に改めて感謝し、これからの生き方を考えようとする。
(2)「世界でたった一人の自分」の学習を通して、いまの自分について知る。

5月

■学活…卒業するまでにこうなりたい
　私はわたし
　自分がしたいことベスト一〇
　Xさんからの手紙
　サイコロトーク
　してあげたこと、してもらったこと
■道徳…これからの自分に大切なこと
■学活…一〇年後の私

●もっと自分のことを知りたいという思いが強まる。
●児童自身により自分を知るための学習計画が立てられる。

6月

■学活…Xさんからの手紙2
　いいとこさがし
■道徳…自分の性格
■学活…自分にとって必要な人
　プロフィール
　心理テスト
　☆いくつ
■道徳…いま、自分のやるべきこと
　いまと以前の考え方の違い

7月

●自分のよさに気づき、自分が世界にたった一人しかいないことを確認した。もっといい自分になろうとする思いが強まった。
(3)これからの自分を知るための「卒業研究」に取り組む。

## なぜやりたかったのか

「自分のよさとは」「自分は何が好きか」「何をやってみたいのか」ということをほとんど考えたこともない六年生の子どもたち。五年生では、何をやっても中途半端で終わらせてしまうことが多く見られました。

そんな原因を、私たちはセルフエスティームの低さととらえました。とにかく自分について自信をもたせたい、最高学年として、卒業をひかえ、自分のよさを知り、自分を大切にする気持ちをもってほしい、という切なる願いから、『世界でたった一人の自分』はスタートしました。

自己理解は、他者とのかかわりの中で深まります。そして、自分を深く理解することが、これからの人生をよりよく生きていくことにつながるのです。

## この実践の位置づけ

「見つけよう　ほんとうの自分ってなんだろう」。これは本校の校歌の一部です。この言葉をきっかけに、自分探しの学習「ほんとうの自分を見つけよう」がスタートしました。

六年生の子どもたちと、ほんとうの自分を見つけるためにはどうしたらいいかを話し合いました。その中で、いまの自分についてもっと知ること、さらにいまの自分だけでなく、いままでの自分とこれからの自分についても知ることが必要だと気づいていきました。

そこで、「ほんとうの自分を見つけよう」は年間テーマとし、①いままでの自分を知るために「わたしの十二年史」を、②いまの自分を知るために「世界でたった一人の自分」を、③これからの自分を知るために「卒業研究」に取り組みました。

つまり、「世界でたった一人の自分」は六年生の一年間の取組みの中で、いまの自分に焦点を当てた部分なのです。

## この実践の特徴

この実践は、構成的グループエンカウンターを柱とした総合的な学習です。いまの自分を深く知るためのエクササイズを中心として学習を組み立てました。

「自分のよさって何だろう」という問いをきっかけに、自己理解と他者理解を深める学習を繰り返すことで、自分と友達の違いに気づき、いまの自分を明らかにしていきます。

総合的な学習といっても、さまざまなタイプがあります。この実践は、総合未体験の学校でも取り組みやすい、横断的な学習から発展した総合的な学習です。

いきなり「総合の時間で何をしましょうか」と子どもたちに投げかけても、それまでに経験がなければ、やりたいことを自分でまとめていくのはなかなかむずかしいことです。その点、

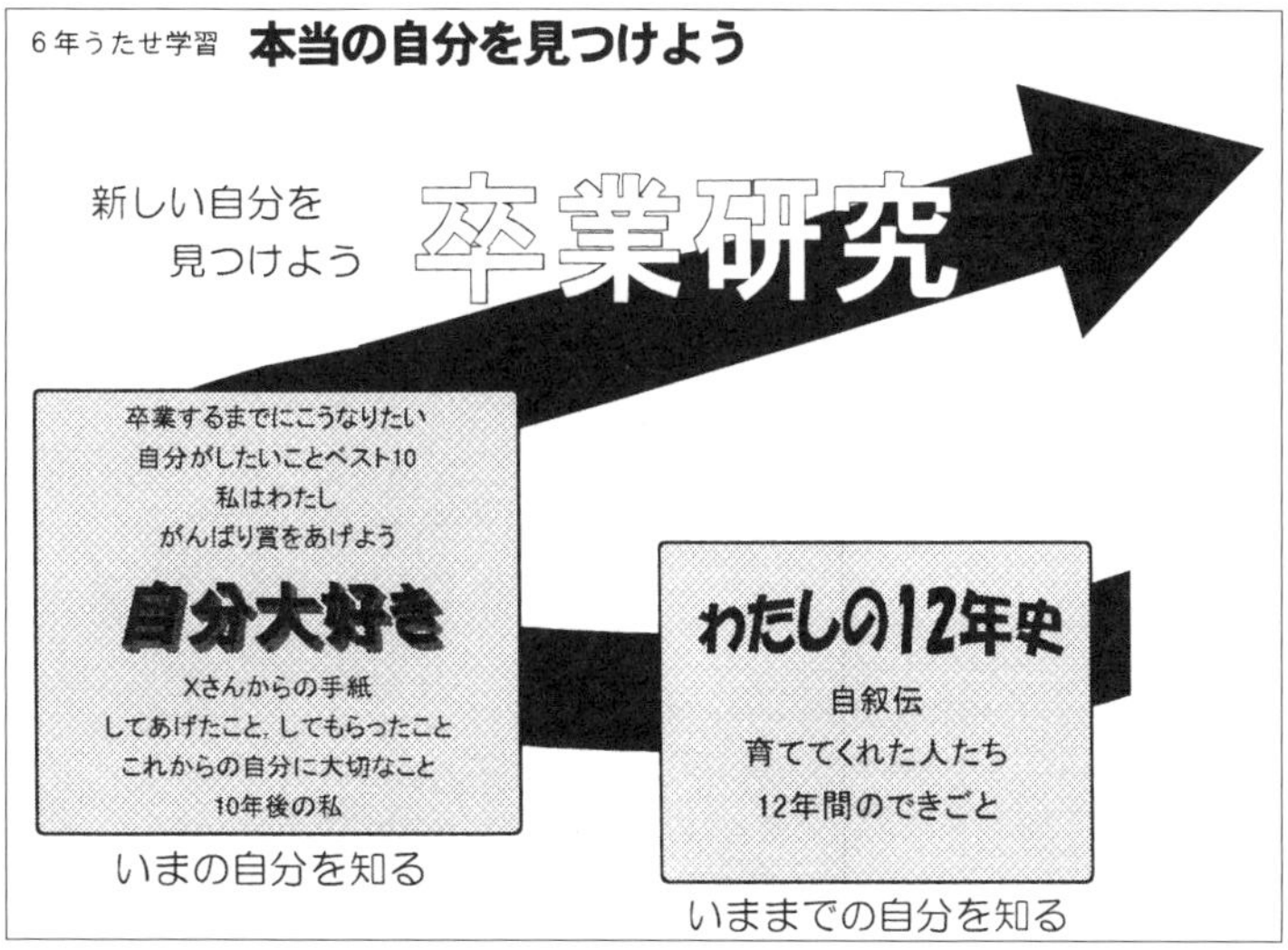
6年うたせ学習
本当の自分を見つけよう
新しい自分を
見つけよう
卒業研究
卒業するまでにこうなりたい
自分がしたいことベスト10
私はわたし
がんばり賞をあげよう
自分大好き
Xさんからの手紙
してあげたこと，してもらったこと
これからの自分に大切なこと
10年後の私
いまの自分を知る
わたしの12年史
自叙伝
育ててくれた人たち
12年間のできごと
いままでの自分を知る

横断的な学習として、教師の意図によりあるテーマについて学習し、そこから生まれてくる願いや思いをまとめていく中で、自分のやりたいことを決めていくのは比較的容易でしょう。

そこで、前半は、教師が、子どもたちの自己理解が深まりそうな学習を道徳や学活を使って横断的に組み立てました。

後半は、「さらに自分を知るためにはどんなことをしたらいいんだろう」と問いかけ、学習

の展開も子ども自身に考えさせるようにしています。いわゆる、子どもたちの願いや思いを中心とした総合的な学習となっています。

## 「世界でたった一人の自分」——前半

エンカウンターは、単発で行うより集中的に取り組ませるほうが効果的だと考えて次のような計画を試みました。

### 卒業するまでにこうなりたい

初めに取り組んだのが、『卒業するまでにこうなりたい』というエクササイズです。最高学年ともなると、下級生の手本としての行動が求められます。自分自身を評価しながら目標に向かっていくことが大切です。具体的な目標を考えることは、自分を変えていこうとするきっかけにもなると考えました。

まず、シートを配り、「卒業するまでになりたい自分の姿を二つ書いてください。一つは学習に関すること、もう一つは学習以外のことです」と言って書かせます。目標を書き終わったことを確認し、次に自分が立てた目標を達成するためには、どんなことをすればいいのかを具体的に書かせました。

そして、書いた子どもから発表していきました。聞いている子どもは友達の目標を聞いて、これからのその子どものがんばりを認め、励ますように心がけます。

**卒業するまでにこうなりたい**

（　　　　　）

| | 学習のこと | 学習以外のこと |
|---|---|---|
| 私はこうなりたい | 計算力と漢字力をつける。計算をはやくする。漢字をたくさん覚える。 | 字をきれいにかけるようにする。 |
| そのためにすること | 計算と漢字のれんしゅうをする。 | ひごろから気をつける。 |
| 一学期 | ステップを少しずつ終わらせる。↓ 50くらい終わらせた。国語の10問テストがんばった。 | 習字のこうひつで悪かったのをよくする。↓ 少し字が悪かったのがなおった |
| 二学期 | ステップを全部終わらせた。漢字のチェックテスト5枚、先生に丸つけしてもらって終わらせた。漢字の50門テスト。 | 国語のノートにいろいろなことを書く時、気をつけている。 |
| 三学期 | | |

### 私はわたし

次に行ったのは、「私はわたし」というエクササイズです。これは、自分がみんなと違っていること、他の人にはない自分自身の個性や経験などを四つ考えて、グループでわかちあうエクササイズです。

**私はわたし**

みんなと違って

①

②

③

④

（　　　　　）

学習後の感想には「私にはみんなと違っていることがあるのがよくわかった」「自分のことがみんなによくわかってもらってよかった」などと多く書かれており、自他の違いを見つめるよい機会となりました。

### 自分がしたいことベスト一〇

「自分が人と違うこと」「自分は自分であること」を再確認した子どもたちに『自分がしたいことベスト一〇』を行いました。

これは、いま自分がどんなことをしたいのか、どんな願いをもっているのかを知ることをねらいとしています。

自分のやりたいことを心に浮かぶ順に書き、なぜそのような願いをもっているのかという理由を考えて、グループで発表し合います。「やりたいこと」と言われ、「現在やりたいこと」、「中学校や高等学校でやりたいこと」、「大人になってからやりたいこと」、「現実的でないまったくの夢」と、子どもたちの思いはさまざまでした。

「好きなマンガを心ゆくまで読みたい」

「中学校では陸上クラブに入り、より速く走りたい」

「マンガ家に会って原稿を見せてもらいたい」

「デザイナーになって作った洋服をはやらせ

たい」

「外国に行きたい」

「過去や未来の自分に会いたい」

などと素直に自分のやりたいことを書き、なぜそのような願いがあるのかを4～5人のグループで話し合いました。

「私も同じ、ゆっくり本を読みたいよね」とか、「中学校で陸上部に入ってがんばって」と、友達に共感する部分が多く見られました。

感想には、「ふだん考えてなかったけれど、自分のやりたいことがこんなにあるとは思わなかった」といった声もありました。

このエクササイズでは、「○○がしたいという思いがある」自分を見つけることができました。

### Xさんからの手紙

このエクササイズの感想には、「私はこんなふうに思われていたんだ。これからもいいところを磨いていこう」「私はいつもより気分がいいです。どうしてかというとみんなにやさしくされているからです。今日からまた、新しい自分を探していきたいです」「最近がんばったことをほめてくれてとてもうれしかった」などと、書いていた子どもが多く見られました。

よさをたくさんの人に認められ、心地よい体験をしている自分を味わえたのではないでしょうか。

## 自分がしたいことベスト10　指導案

［ねらい］・「自分のしたいこと」を考えることにより，自分を見直す。
・グループの友達の「したいこと」を聞くことにより，相手を受け入れる。

| | 子どもの学習活動 | 教師の支援および留意点 |
|---|---|---|
| 導入 | 1．今日のエクササイズのねらいについて知る。<br>・自分のしたいことを考えることにより，いまの自分を見直すとともに，友達のしたいことを聞き，友達のことをよく知る。 | ・「自分のしたいことベスト10」の目的と手順を説明する。 |
| 展開 | 2．「自分のしたいことベスト10」を記入する。<br>・心に浮かぶ順に記入し，理由も書く。（10分）<br><br>3．グループごとに話し合う。<br>・自分のしたいことをグループの友達に話す。<br>・なぜそのような願いをもっているのか，理由も話す。<br><br>4．学級全体で話し合う。<br>・各グループごとに，どのような話し合いだったか報告し合う。 | ・順番はとくに気にしないよう助言する。<br>・机間指導をし，何を書いたらよいかわからない子どもに，すぐしたいこと，中学校等でしたいこと，将来したいことを考えるよう助言する。<br><br>・男女混合の生活班で行うよう伝える。<br>・友達に質問のある人はしてもよいことを知らせる。 |
| 終末 | 5．エクササイズ全体を通して，気づいたことや感じたことなどを話し合う。 | ・いますぐしたいこと，近い未来でしたいこと，将来したいこと，が一人一人違うことを押さえる。 |

［評価］・自分のしたいことを考えることにより，自分を見直せたか。
・友達のしたいことを聞き，友達と交流できたか。

### サイコロトーク

ここでは、四人でグループをつくり、互いを知り合うための項目を自分たちで考えます。それをサイコロの目と同じ六項目決め、順番にふって話題にし、全員で話し合います。

### してあげたこと、してもらったこと

いままで、自分が人に対してしてあげたこと、してもらったことを書き出すことで、いかに自分が支えられて生きてきたのか、を実感できるエクササイズです。

子どもたちの感想にも、「今度はぼくがいろいろなことをしてあげよう」とか、「感謝の気持ちをもっと表そう」などと書かれていました。

### 道徳「これからの自分に大切なこと」

これから自分が生活していくために大切なことを

①失敗したことを生かす
②最後まであきらめずにやる
③他人のせいにしない

などの七項目とその他から選択し、選んだものをグループで聞き合った後、全体で話し合うようにしました。

その他としては、「家族を大切にする」「友達を大切にする」「自分の命を大切にする」「お金」「もの」「お世話になった人に恩返しする」などが出されました。

感想には、「今回やって、自分に大切なことは、自信をもつことだということがよくわかりました」「自分に足りないものがいっぱいあって、決めるのが大変でした。いろいろな人の意見を聞くと、自分としては納得できるものが多くありました」「この勉強をして、自分に何が必要かよくわかりました。日ごろ何気なく接している友達や家族は、自分にとってかけがえのないものであることに気づきました」などと書かれていました。

ふだん考えていなかったが、いつも自分の周りにある、もしくは自分がもっているものに対して、改めてその貴さ、かけがえのなさに気がついたようでした。

### 一〇年後の私

「一〇年後の私」というエクササイズでは、子どもたちの一〇年後、ちょうど大学を卒業して社会人になるころを想像して、そこにいたるまでの道のりを、絵と短文で表しました。その後、グループごとに聞き合いをして、お互いの夢の実現のためのアドバイスをし合いました。

学習後の感想では、「夢を実現させるためにどうすればいいのか、人から聞けてよかったです」「この学習をして、自分の夢の実現のためにどうすればいいのか初めて知りました」「みんなの意見を聞いて、私には考えつかないようなことばかりだったのでとても参考になった」「みんないろいろな夢をもっているのだと思いました。夢を実現させるには、絶対といっていいほど大変なことがあるから、それを乗り越えて夢に近づきたいです」などと書かれていました。

子どもたちの夢は大きく果てしないものです。その夢を実現できるかどうかは自分にかかっているのです。現在の自分を見つめ、夢に向かっていろいろなことに取り組んでほしい。そして、互いに夢に向かって助け合えるような、高められるような関係でいてほしいものです。

## 「世界でたった一人の自分」――後半

ここまで、ひととおり教師が引っ張る形で、自分を知るためのさまざまな学習に取り組んできました。そしてある程度自分を知ることがで

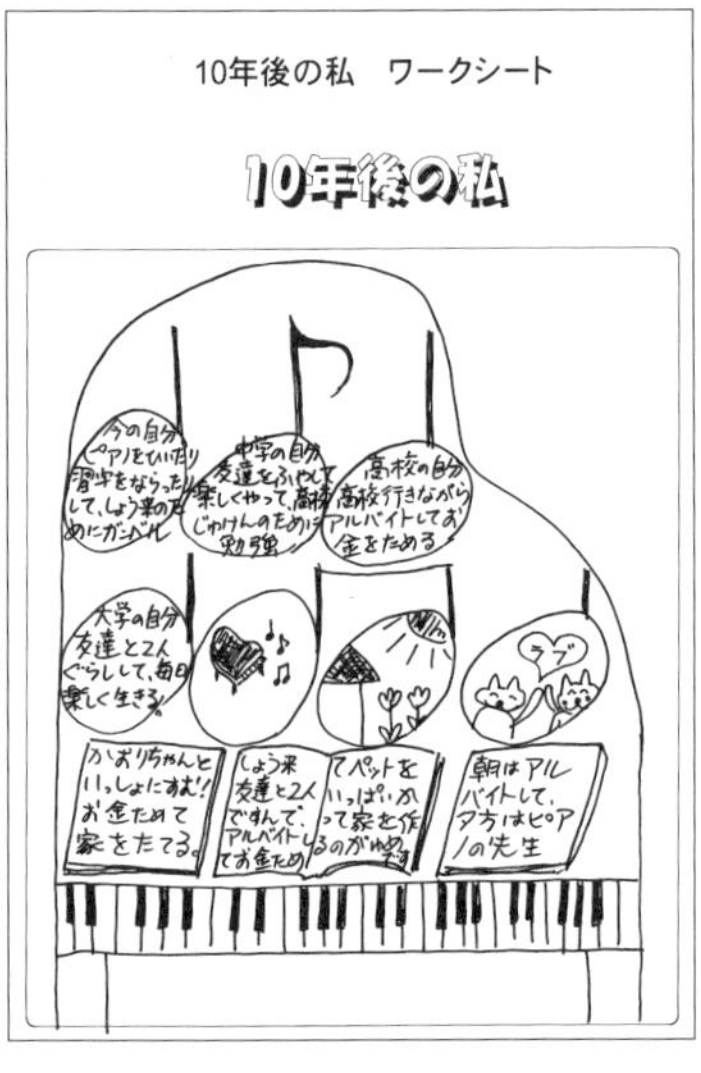

きました。

　この後は、子どもたちが学習を進める番です。子どもたちに「もっといまの自分のことを知るためには、どんなことをしたらいいんだろう」と投げかけました。子どもたちから出てきた考えは次の通りです。

・Xさんからの手紙をもう一度やる
・他の人から見た自分を詳しく書く
・自分の行動を自分で考える
・自分が得意なこと、苦手なこと
・いまの自分と昔の自分の考え方の違い
・自分のやりたいこと
・いま悩んでいること
・いまの考えのまま大人になったらどうなるか
・自分の悪いところ
・自分にとって必要な人
・プロフィール
・みんなのいいところ
・いま自分がやること
・私の性格
・いまの自分を必要としてくれる人
・心理テスト
・どういう人になりたい
・将来の夢
・自分のいいところQ&A
・自分の性格
・ぼくがしてもらったこと
・自分を聞こう
・自分の夢の絵
・自分の得意なこと
・周りから見た自分
・自分の宝物
・友達のイメージ
・いままでかかわってきた人
・自分の個性を見つけよう
・いままでの自分、これからの自分
・友達から見て星いくつ
・人に対してどれだけ親切にしたか
・友達にしてあげたこと、してもらったらうれしかったこと

出た意見から同じものをまとめたり、ほんとうに自分を知るにはどうしたらいいのか、をさらに話し合うなかで学習の計画をまとめていきました。それが事例の全体像の左側の部分です。なお、それまでは「自分大好き」というテーマで学習をしてきましたが、自分たちで学習をつくっていくということで、もう一度テーマも話し合い『世界でたった一人の自分』に決定しました。

　以下に、そのうちのいくつかを紹介します。

### いいとこさがし

　この活動は、いままで見つけてきた「自分」をさらに知り、「世界でたった一人の自分」だと、自信をもてるようにしたいと子どもたちとも話し合い、決めたものです。

　「私はわたし」や「自分がしたいことベスト一〇」などで見つけた自分のよいところ、二回の「Xさんからの手紙」を通して友達から聞いたよいところを自分でまとめます。

　「明るくて元気のよいところかな」

　「本を読むことが好きだな」

　「フレンド（縦割り活動）で下学年にやさしい」

などと、子どもたちは自分のよいところを一生懸命考えました。

　また「明るいところ」「友達にやさしい」……Xさんからの手紙に書いてあったよいところは、自信をもってニコニコしながら書けました。

　学校では、ここまでワークシートに書き、後は、家に帰って家族によいところを書いてもらいました。保護者には、事前に保護者会や手紙で趣旨を十分説明し、よいところをたくさん書いてくれるようお願いしておきました。

　感想には、「自分のよいところは何もないと思っていたが、みんなが探してくれて見えてきた。自分のよさがわかってよかった」などと書かれていました。

　自分のよさを、自分を含め、友達や家族から認められ、自分に自信がもてたようでした。

### 道徳　自分の性格

　これは、自分の性格のよいところと悪いところを見つめ直し、よさはグループの中で認め合い、悪いところはこれから改めていくことを自覚するための活動です。

子どもたちは、これまでの学習で自分の性格の長所と短所を見つめ直すことができていました。

感想には「まだ、たくさん悪いところがあることがわかりました。よいところを増やしていきたいです」「この勉強をして、自分にはいい性格がたくさんあることがわかりました」「自分の性格をやって、いまの自分が改めてわかったような気がします」などと書かれていました。

自分のよいところを、将来のために伸ばしていきたいというものが多く、自分の性格を、前向きに考えることができていました。

### 自分たちでつくろう

「プロフィール」と「心理テスト」と「☆いくつ」では、学年を希望別に三つのグループに分けて活動しました。

**＜プロフィールグループ＞**

このグループでは、自分の「プロフィール」を作成しました。自分自身がもっと自分にも友達にもわかるように、プロフィールにふさわしい項目を話し合い、二〇ほどに絞り込んで作成しました。

できあがった「プロフィール」を見て、男子と女子で違っていること、気が合う友達ともまったく違うことに気づきました。さらには考えてもいなかった項目に答えることで、自分を再発見したり、あまりしゃべったことのない人の

## いいとこさがし　指導案

［ねらい］・いままでの活動で見つけてきた，自分のいいところをまとめることにより，自己理解を深める。
・友達同士いいところを認め合う。

| | 子どもの学習活動 | 教師の支援および留意点 |
|---|---|---|
| 導入 | 1．今日のエクササイズのねらいについて知る。<br>・いままでの学習で見つけてきた自分のいいところ，「Xさんからの手紙」などで，友達から聞いたいいところを自分でまとめる。家族からもいいところを書いてもらう。 | ・ファイルを見ながら，まとめる。「私はわたし」や「自分のしたいことベスト10」などから，自分で見つけたいいところ，「Xさんからの手紙」などから，友達に聞いたいいところをまとめるよう伝える。 |
| 展開 | 2．自分のいいところをまとめる。<br>・自分で見つけたいいところ<br>・友達から聞いたいいところ | ・ファイルにないことも，気づいたら書くように机間指導して助言する。 |
| | ・家の人から見たいいところ | ・自分や友達から何もないような部分について，どんな小さなことでも書くように事前に保護者に頼んでおく。 |
| | 3．グループで友達のいいところを聞き合う。 | ・友達同士認め合うことを助言する。 |
| | 4．学級全体で話し合う。 | ・自分では見つけられなかったが，友達や家族から見つけてもらった，自分のいいところに自信をもつとともに，自分のいいところを増やそうとする気持ちになるよう助言する。 |
| 終末 | 5．今日のエクササイズの振り返りをする。 | ・自分のいいところを友達に見つけてもらってうれしいことに気づかせる。自分も友達のよさをもっと見つけようとする気持ちを育てる。 |

［評価］・自分のよさをたくさん認められたか。
・自分を大切にしようと思ったか。
・友達のよさを認められたか。

内面を知ることができたようでした。

**＜心理テストグループ＞**

このグループは、「心理テスト」をしてさらに自分を知ろうとしました。三つの小グループに分かれ、最初は本を読んだり、オリジナルの問題を考えたり工夫しながら、楽しい問題をつくることに夢中でした。

問題ができると、まず、個人で質問に取り組んでもらい、その後、テストをつくったグループの子どもが全体に診断結果を教える形で進んでいきました。

自分が予想しなかった答えを友達が選んでいるなど、けっこう驚きの部分が多かったようで、大いに盛り上がって終わりました。

学習後の感想にも、「心理テストなんてあてにならないと思っていたのに、けっこう当たっていたので驚いた」「自分のことや友達のことを、楽しみながら理解できるのはとってもよかった」などと書かれていました。

問題づくりから、子どもたちに任せたことでとても主体的に取り組めました。

**＜☆いくつグループ＞**

「☆いくつ」というプリントをつくり、お互いを評価して星を贈りあうことで自分を知ろうとしました。評価の項目は一〇〇以上の意見が出され、二〇項目に絞り込むのに話し合いを何回も重ね、苦労していました。

プリントの一枚目は、自分のことを自己評価することにしました。ランダムに配られてきた二枚目から五枚目までは、名前が書いてある友達のことを評価するようにしました。自分に甘く友達に厳しいもの、自分に厳しく友達に甘いものとさまざまな評価があり、面白い結果が出ています。

自己評価と友達の評価が同じだったもの、友達の評価のほうが悪かったもの、友達の評価のほうがよかったものなど、悲喜こもごもな結果になりました。

学習後の感想には、「自分は外から見るのと内から見るのでは違うんだなと思いました」「自分ではやさしさはあまりないと思っていたのに、三つもついていました。他の人から見た私をもっと知りたいです」「自分のいいところ、悪いところがよくわかって、楽しく自分探しができました」などと書かれていました。

自分の評価と友達の評価を比べて考え、自分について深く考える時間となりました。

### 「世界でたった一人の自分」の感想

最後に、この学習を通しての子どもたちの感想を紹介します。

> この学習をやって「世界でたった一人しかいない自分」ってすばらしいことなんだなと思いました。同姓同名で血液型・年齢・誕生日・特技まで一緒の人が世の中にいるかもしれないけれど、やっぱり別人だと思います。私は、この学習で自分のことをよく知ることができました。このことをみんなにもっともっとよく知ってほしいです。

> いままで学習してきて、やっぱり自分は世界でたった一人の自分なんだなと思いました。自分のいいところも悪いところも、やっぱり世界で自分しかもっていないんだと思います。やってきて、自分のいいところがいろいろわかりました。もっともっといいところを伸ばしていきたいです。そして、もっともっといいところをつくって、世界でたった一人のいい自分になり、いままでお世話になった人にお礼をしたいです。

5　総合的な学習で生きる力はこう育てる

# エンカウンターでイキイキ環境教育

今井美枝子　いまいみえこ
千葉市立打瀬小学校教諭

**こんなときに！**
感性を磨きたいとき

**■ねらい**
ビンゴゲームの中で五感を働かせ，自然からの発見や感動を得る。
**■学年**　小３
**■時期**　１学期
**■時間**　学級開き・理科・社会
**■集団**　学級

**★諸富のひとこと**
総合的な学習の時間が設定されて，環境教育がますます注目されてきました。環境教育のポイントは，①他人事としてではなく自分のこととして，②身近なところから自然に親しむこと。本実践のエクササイズ「同じ形を見つけよう」は，ゲーム感覚でわいわい楽しく，身近な自然に関心をもたせるのにぴったり。子どもたちの発言から，いつもと違った感覚で自然を見ている様子が伝わってきます。

**4月**

●三年生は初めてのクラスがえでスタートした。
●仲よしだった友達と別れて、新しいクラスの中で緊張している様子もうかがえる。

■学級開きでアイスブレーキングをする。
・あいさつゲーム
・なんでもバスケット
・ジャンケン列車

**5月**

●生活科を体験してきた子どもたちは、何にでも興味を示す。
●自分の周りの自然環境について関心をもたせる。

■授業と関連させて。
・理科「草花と虫」…色さがし
・社会「町たんけん」…同じ形を見つけよう
「同じ形を見つけよう」
・グループをつくる。（四名くらい）
・導入「私たちの周りにはどんな形のものがあるかな」
「ルール説明と活動中の注意」
・活動　五感を働かせて活動する。
・まとめ　振り返りをして感じたことを発表し合う。

**6月**

●自分の周りにある自然界の出来事に対して興味関心をもって生活するようになった。

## 子どもたちの心を開くために

初めて学級解体をした三年生のクラスです。二年間仲よくしてきた友達と離れてしまい、中学年の教室、新しい担任の先生に、子どもたちは緊張した面もちで机に向かっていました。そんな子どもたちの心を解きほぐそうと、学級開きからいくつかのエンカウンターのエクササイズを行いました。

最初は、自分を知ってもらおう、友達の名前を早く覚えようと、新学期二日目のあいさつゲームからスタートしました。

## あいさつゲーム

音楽をかけ教室を自由に歩き回ります。音楽が止まったとき、近くにいる友達とペアになり、自分の名前、住んでいるところ、ペットを飼っているかどうか自己紹介をし合います。合図があるまでたくさんの友達と自己紹介をし合います。最後に何人の友達の名前を覚えたか発表してもらいます。そのとき、友達の名前を呼び、呼ばれたら立って行くようにすると、他の子どもたちも覚えていきます。

## なんでもバスケット

いすを円形に並べます。全員の数からいすを一つ少なくしておきます。オニになった子どもが言った言葉にあてはまる子どもだけ、自分の場所を移動します。

## 子どもたちの感性をみがくために

埋め立て地という住環境の中で育つ子どもたちのまわりには、人工的に造られた自然環境があります。しかしそのようなところにも干潟から飛んでくる渡り鳥の姿が見られます。住宅建設予定地の空き地は、子どもたちが「春をさがしにいく」絶好の場所です。

豊かとはいえない自然環境ですが、子どもたちが豊かな感性をはぐくみ、多様な価値観を身につけるためには、幼いころから自然と十分にふれあい、自然への気づきをたくさん体験することが必要です。機会があるごとに教室から飛び出し、木々や草花、昆虫等と戯れ小さな発見をたくさん体験させていきたいと思っています。

自然の中での活動は、生きるためのさまざまな知恵を与えてくれます。植物が子孫を増やしていくための工夫、養分を取りやすく、早く成長していくための工夫。子どもたちは木の幹に聴診器を当てて、木の鼓動を聞きながら木の生命に思いを寄せたりします。

また、屋外の活動から得た、さまざまな発見や感動をわかちあうことは、コミュニケーション能力を培う場になります。人と人とのつながり、人と自然とのつながりを大切に考えて行動していく子どもの育成をめざしていきたいと思います。

次に紹介する「同じ形を見つけよう」というエクササイズはその一つです。一人でビンゴゲームをするのも楽しいですが、何人かの友達とグループをつくり、お互いの「気づき」を出し合ってゲームを進めていくのも楽しいものです。

エクササイズを行ううえでの約束として、二つの条件を与えました。

一つは自然界にあるものを見つけること。自然界のものに類似していても、人工的に造られたものはだめです。二つ目は自然を傷つけないこと。探し当てたものがあったとしても、それを持って来たら困る生き物はいないか考えてみること。できるだけ動かさず、そのものがあった場所を明記してくるようにします。

活動後のシェアリングでは、友達とのものの見方の違いを肯定的にとらえたり、賞讃し合える雰囲気をつくりたいと考えました。

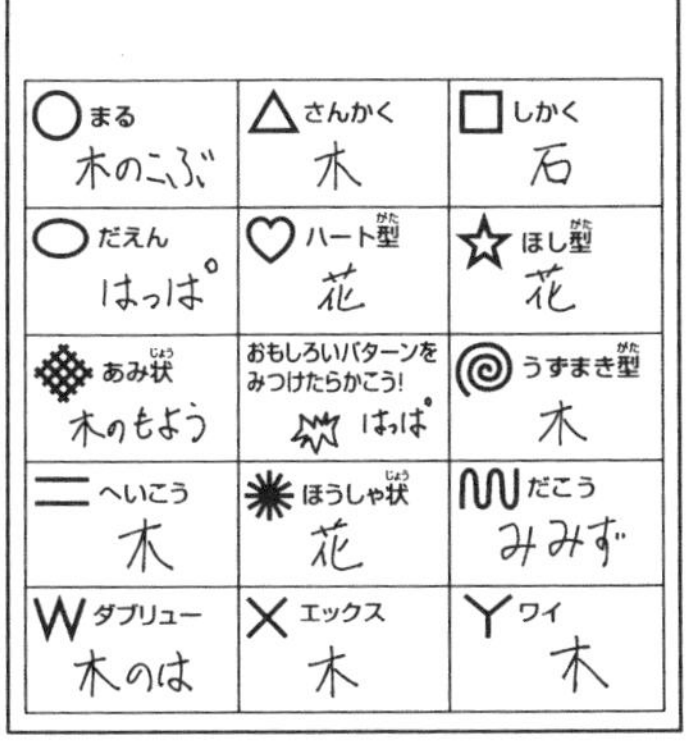
同じ形を見つけよう
月　日　名前
まる
木のこぶ
さんかく
木
しかく
石
だえん
はっぱ
ハート型《がた》
花
ほし型《がた》
花
あみ状《じょう》
木のもよう
おもしろいパターンをみつけたらかこう!
はっぱ
うずまき型《がた》
木
へいこう
木
ほうしゃ状《じょう》
花
だこう
みみず
ダブリュー
木のは
エックス
木
ワイ
木

## いつもと違う学校のまわりを発見

「あそこに見える木の枝はどんな形に見えますか」

「あの枝、Yに見える」

「ではこの木の幹の模様は何に見えますか」

「この木の幹は、横縞模様だよ」

自然界にあるものの形はどのように見えるか、ウォーミングアップをしてから始めました。

「うずまき状の形ってそんなのあるの？」

「先生、タンポポは放射状に入れてもいいの？」

活動が始まるや否や、この形はある、ないと言いながら形探しに出かけていきました。

教師は、子どもたちの疑問にアドバイスできる位置にいつもいて、支援していきました。

「先生、ミミズがぺたんこになって乾いているよ」

「くもの糸が網状になっているなんて初めて知ったよ」

「うずまき状の形は葉っぱの中で見つけました」

「へえ、ぼくは石の模様で見つけたよ。ほら！」

「木のこぶのようなところもうずまき状だったよ」

友達と、ものの見方が違うことを素直に受け入れ、認め合う子どもたちの姿が見られました。

## 同じ形を見つけよう　指導案

［ねらい］・自然に対するやさしさと思いやりをもって自然へ配慮した行動がとれる。
・自分の周りの自然環境に親しみをもち，自然の不思議さを楽しく感じわかちあう。
・友達とものの見方の違いを肯定的にとらえ，お互いの理解を深め合う。

| | おもな活動と内容 | 教師のかかわりと働きかけ |
|---|---|---|
| 導入 | 1．外に出てエクササイズのねらいについて知る。<br>［ねらい］自然に親しみ，その不思議さを楽しく感じわかちあう。 | ・理科の学習「花や虫をさがそう」で校外に出かけ，自然のやさしさやたくましさを感じたことを思い出し，活動への動機づけをする。 |
| 展開 | 2．「同じ形を見つけよう」の，ビンゴゲームのワークシートを配る。<br>3．ビンゴゲームのやり方とルールを知る。<br>〈ルール〉<br>①ワークシートに書かれているのと同じ形のものを、必ず自然界の中から見つける。人工物ではいけない。<br>②同じ形のものがあった場所は，プリントの横にメモしておく。<br>③落ちているものは拾ってきてもよいが，自然界のものを傷つけてはいけない。<br>4．同じ形のものを探しに行く。<br>5．全部見つかったらグループで見せ合う。<br>6．他のグループとも見せ合い，話し合う。 | ・ワークシートに書かれている形を見つけることを伝える。<br>・用意するもの<br>ビンゴゲームのワークシート<br>筆記用具<br>振り返りカード<br>・４名くらいのグループになり，活動範囲は校庭および学校の裏の空き地と約束する。<br>・屋外での活動なので事故には十分気をつけるように注意する。<br>・ある形ついて見つけたものが，班によって植物であったり，動物であったりするので，他のグループのものと比べて，価値観の違いに気づける雰囲気をつくる。 |
| 終末 | 7．振り返りカードを書く。 | ・エクササイズを体験した気持ちをカードに記入して，全体で感想を述べ合う。 |

木の実を拾ってきた子どもたちについては、「この木の実を持ってきてしまったら困るものはいないかな?」と、考えさせ、人間中心的な行動を見直せるように問いかけていきました。

## 自然と向き合う

限られた自然の中での活動でしたが「よく見る」「いろんな角度から見る」「イメージを働かせて見る」など、ちょっと心を動かしながらいろいろな形を見つけることができました。このように見ていくと、ふだん見過ごしているものがたくさん見えてきます。子どもたちは外に出て活動することが大好きですから、教師の期待以上の収穫をもって帰ってきました。

「先生、ダンゴムシの住みかを見つけたよ。すごいよ。卵もいっぱいあるよ」

「池の金魚が鳥に狙われていたから、鳥を脅かして金魚を助けてやったんだ」

「先生、この草いい匂いがするよ」

「この草、強いんだよ。手がきれちゃった」

自然は偉大な教師だといわれていますが、そのとおりだと思います。子どもたちが見つけた◎の形は、木の幹のこぶ、ミミズの屍骸で干からびたもの、花の輪郭、石に刻まれている模様、空に浮かぶ雲等で、想像力たくましく五感を駆使して探してきました。中には「そうか、子どもの目にはそのように見えるのかな」と感心させられたり、「どこがその形のように見えるの」と聞いてしまうようなものもありました。その都度、子どもの目の高さで大人も目を開いて、柔らか頭になっていなくてはいけないなと感じさせられました。

## エクササイズを体験した子どもたち

グループ活動を常に体験している子どもたちでしたので、楽しそうに活動している姿が見られましたが、どうしても個人行動に出て遊びに行ってしまう子どもがいました。「早く見つけたらグループのお友達に、ここにあるよと教えてあげてね」と一声かけておきました。

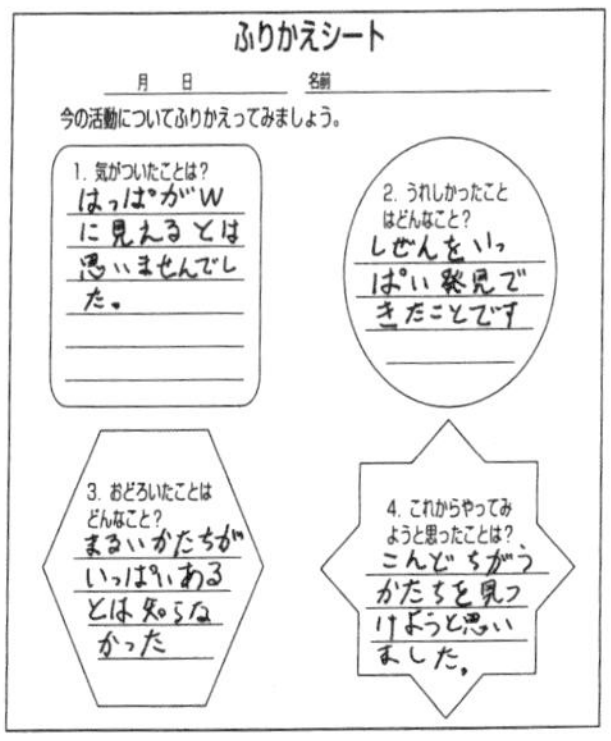
ふりかえシート
月　日　名前
今の活動についてふりかえってみましょう。
1. 気がついたことは?
はっぱがWに見えるとは思いませんでした。
2. うれしかったことはどんなこと?
しぜんをいっぱい発見できたことです
3. おどろいたことはどんなこと?
まるいかたちがいっぱいあるとは知らなかった
4. これからやってみようと思ったことは?
こんどちがうかたちを見つけようと思いました。

エクササイズを体験した後は、グループで振り返りカードを書いて簡単にシェアリングを行いました。その後、さきのグループメンバーがダブらないように、グループを編制し直し、再度シェアリングを行いました。

一回目のシェアリングは、頭を寄せ集めて和気あいあいの雰囲気で、「〇〇〇だったね」「あっちのほうに行けば〇〇〇だったかもしれないね」というような、活動を振り返っての感想が多く出されました。

しかし、二回目の編制し直しグループのシェアリングでは、各自が活動グループの代表のような形になっているため、自信をもってビンゴゲームシートを広げて説明していました。

さきに記述したように、同じ形でも、グループによって別のものをあてはめていることは、子どもにとって驚異だったようです。

「人によってものの見方が違う。自分のものの見方が、多様なものの見方のひとつに過ぎないのだ」「人の意見を否定せずに聞こう。自分の考えをしっかり伝えよう」「自分や友達の心や気持ちを感じて大切にしよう」。

これらのことに気づいたことは、子どもたちの大きな成長だと思いました。人とコミュニケイトすることは楽しいし、他者理解に欠かせないことだと考えます。また、自然を媒介にしてのエクササイズは、動植物とのつながりを気づかせてくれます。地球上の生命あるものはみんなつながっていて、無用のものはないのだという、生きていくために必要な心のトレーニングではないかと感じています。

### 引用文献

社団法人日本ネイチャーゲーム協会出版
『ネイチャーゲーム指導員ハンドブック』から
No65　フィールドビンゴより

6　道徳の新しい進め方

# 2学期の学級づくりと連動した道徳

岩田裕之　いわたひろゆき
千葉県栄町立竜角寺台小学校教諭

**こんなときに！**
学級内のしらけを感じたとき

■ねらい
総合単元的道徳学習を進めるなかで，友達のよさを再発見し，かかわりを深めていく。
■学年　小6
■時期　2学期
■時間　道徳・学活・行事
■集団　学級

1. 読み物資料から
道子さんはみんなに励まされてがんばることができたんだな。
2. 心のメッセージ
ようし！たかし君にメッセージを送ろう。
やった！もらうとうれしいな。
日ごろの感謝をこめて、メッセージを送りましょう。

★諸富のひとこと
高学年を担当する先生方からときおり耳にするのが，1学期まで素直で元気だった子どもたちが，夏休みが終わり2学期に入ると，とたんに生意気になったりしらけた空気を漂わせ始める，という嘆きの声です。本実践では2か月間集中的にエクササイズを行うことで，クラスの雰囲気を変えることに成功しています。読み物資料を使った道徳授業とエクササイズのつなげ方についても示唆を与えてくれます。

9月上旬
●夏休みが終わり一学期とは違った一面を見せ始める。
●「自己肯定度」で数値の低い子どもが何人か見うけられる。

**ユニット1**
書くエクササイズを活用し、友達からの肯定的なメッセージを受けとめ、自分に自信をもたせる。
■学活　一回目　二学期のめあてをもつ（ビンゴゲーム）
・わたしのしたい十六のこと
二回目　自分だけのよさを三つ書く
・私はわたしよ（自己評価）
三回目　自分の存在を再認識する
・Xさんからの手紙（他者評価）
■道徳「道子だって」
四回目・心のメッセージ（一―⑥　個性伸長）

下旬
●運動会における競技や係活動を通し、個性の発揮・集団への所属感を感じとる。

10月上旬
●道徳授業（「重なったコート」光文書院　改作）を契機に、相手の立場を尊重し、大切にしていくことについて考える。

**ユニット2**
身体接触を伴うエクササイズをおりまぜて活用し、友達とのかかわり合いをさらに深めていく。
■学活　五回目　友達の考えを肯定的に受けとめる
・ブレーンストーミング（他者受容）
六回目　サークルをつくり中心の一人を支え合う
・サークリング（信頼関係）
七回目　助けたり助けられたりする
・レスキュー隊（思いやり・親切）
■道徳「朝子さんの一日」
八回目・ブラインドウォーク
（二―②　思いやり・親切）

11月上旬

中旬
●自己肯定度に高まりがみられる

## なぜやりたかったのか

夏休みが終わり一学期とは違った一面を見せ始める六年生。六年生を担任した教師ならだれでも、一度は「あんなに素直だった子どもたちなのに」と、感じたことではないでしょうか。

数年前の私も同様の悩みを抱えていました。そこで挑戦したのが、構成的グループエンカウンターを活用した個性尊重、信頼関係を深めるための十数時間に及ぶプログラムづくりでした。子どもたちに「友達のよさを認め合い尊重する素直な心を失わないでほしい」との願いからプランニングが始まったのです。

## プランニングにおいて大切なこと

「エンカウンターをやっているのになかなか効果があらわれない」「道徳や学活の時間に取り入れていくのにこれでいいのか」といった疑問の声を聞くことがありますが、これについては、もう一度いくつかの留意点を思い出す必要があるでしょう。

### 1　エンカウンターは、積み重ねが大切

単発で行ってそれなりの効果を期待できる場合もありますが、自己肯定感を高めたり、信頼関係を深めたりするねらいで実施する場合は、とくに継続的かつ長期にわたるアプローチが必要になってきます。「エクササイズに慣れる」「より多くのことに気づかせる」ためにも、ある程度の積み重ねが必要です。その場合も、道徳や他の教科・領域とかかわりをもたせ、総合単元的に取り組んでいくといっそう効果が期待できます。

### 2　エクササイズの配列を考慮

最近では数多くのエクササイズが開発されてきました。そこで大切なのが、それぞれのエクササイズの内容やねらいを十分検討し、無理のない積み重ねや効果的な組合せができるようにすることです。

ブラインドウォークのように、深層心理において、友達のことを信頼し支え合うエクササイズは、いきなり行ってはゲームのような「勘違い」で終わってしまう場合も多いものです。信頼関係を築くねらいのエクササイズを心理的負荷の少ないものから順に配列し、ノンバーバル（集中力を高めた無言の状態）で数時間積み重ねたうえで行う配慮が必要です。

また、いくつかのエクササイズを組み合わせて一時間の授業を構成する場合、思考に働きかけるものと、活動を主体とするものを効果的に組み合わせて行うなどの工夫も、成否を左右する要因になってきます。

## あせらず、じっくりと取り組む

このようなことに配慮しながら前ページに示すプログラムを組み立て、二学期から実践に移しました。

なかでもユニット1では、「もう一度友達のよさに注目する」をねらいとして、個性伸長のエクササイズを数時間連続して行いました。

エンカウンターを初めて体験する子どもたちにとって、ゲームのような感覚でスタートしたプログラムでした。エクササイズを積み重ねるうち、「Xさんからの手紙」では、「私がつらかったときも『うん、うん』と聞いてくれて、ずいぶん励みになりました。ありがとう」といったメッセージを受けとめ、心強く思った子どもや、「自分が気づいていなかったよさを友達は見ていてくれた。これからもよいところをたくさん伸ばしていきたい」と思う子どもがあらわれ始め、シェアリングでもポジティブな意見が多く聞かれるようになりました。

また、ユニット1の終わりには、こうして培ってきた心情を補充、深化・統合するために読み物を用いた道徳の授業を行いました。

## エクササイズを終末に位置づける

「何をやってもうまくいかず、自信を失いかけていた道子が、母親の何気ない励ましから自信を取り戻していく」といった主人公の姿に子どもたちの姿を投影させた後、エクササイズ「心のメッセージ」（指導案1）を終末として行いました。

従来ならここで、母親からの手紙を二、三読み上げ、余韻を残して終わりにするのですが、

ここでは前時までの学習を生かし、エクササイズを行いました。

友達のよさを認めながらも、恥ずかしさからなかなか声に出して言えなかった子どもが、「日ごろの感謝をこめてメッセージを伝えよう！」のひとことに誘われ、積極的に席を立ち、友達のもとへカードを届けていました。ポジティブなメッセージを受けとめ、笑顔で「ありがとう」のお礼を言っている姿にほほえましささえ感じる一場面でした。

**エクササイズを展開前段に位置づける**

秋季大運動会を終え、しだいに活気づいてきたクラスの雰囲気をさらに盛り上げ、友達とのかかわりをいっそう感じ取ってほしいとの願いから、ユニット2へと発展させていきました。

道徳の授業を契機とし、「さらに信頼関係を

**メッセージカード**

心のメッセージ

氏名（　　　　　）

［　　　　　］さんへ

あなたに伝えたかったことは

## 心のメッセージ　指導案1

［主題名］・長所に目を向ける（1－⑥）　　［資料名］・道子だって（日本書籍）

［ねらい］・自分のよいところを知って，積極的に伸ばしていこうとする心情を育てる。

| | 学習活動とおもな発問 | 予想される反応 | 教師の支援および留意点 |
|---|---|---|---|
| 導入 | 1．自分の長所や短所について思い浮かべる。<br>・自分のよいところや嫌だなと思うところを言ってください。 | ・よいところは，人に優しいところです。<br>・悪いところはわかりますが，よいところはよくわかりません。 | ・ねらいへの方向づけをする。 |
| 展開（前段・後段） | 2．資料「道子だって」を読み，話し合う。<br>○刺繍がうまくできないときの道子の気持ちを考える。<br>・刺繍がうまくできない道子はどんな気持ちになっていったでしょう。<br>・みんなにも似たような経験がありませんか。<br>○母親に励まされたときの道子の気持ちを考える。<br>・母親は道子のどんなところがよいとほめましたか。<br>・母親から励まされて道子はどんな気持ちになったでしょう。<br>3．いままでの生活を振り返る。<br>・みんなも友達や家族から励まされたことがないですか。 | ・何をやってもだめな人間，嫌になってしまう。<br>・春子さんは刺繍がうまくていいな。どうして私は不器用なんだろう。<br>・あります。逆上がりをがんばったのにできなかったこと。<br>・ドリルがなかなか進まないとき，嫌になってしまった。<br>・かおるのことをよく世話してくれる。<br>・太郎におやつを作っている。<br>・5年生としてはいろいろなお料理ができる。<br>・もう一度刺繍をやってみよう。<br>・だんだんと自信がわいてきた。<br>・バスケットボールの練習を父親に励まされて続けた。<br>・お母さんにお料理を励まされ，いまもがんばっている。 | ・読みの視点を明確にし主人公の気持ちをとらえさせる。<br>・刺繍ができず「だって」と言わざるをえない道子の気持ちに共感させる。<br>・各自の日常生活からも考えさせ，道子の気持ちに寄りそわせることで共感を深めさせる。<br>・母親の励ましを聞いて，次第に笑顔に変わっていくことから，道子の変容をとらえさせる。<br>・身近な生活を振り返らせていく。 |
| 終末 | 4．エクササイズ「心のメッセージ」（「Xさんからの手紙」）を行い，実践活動につなげていく。 | ・またやってみたい。<br>・友達にメッセージを贈りたい。 | ・子どもの関心，意欲を大切にし，押しつけにならないようにする。 |

［評価］・主人公の心情の移り変わりをとらえながら，自分のよいところを知り，積極的に伸ばしていこうとする気持ちになれたか。
・友達から肯定的なメッセージをもらい，あたたかい気持ちになれたか。実践意欲がわいたか。

深めていくためにはどうしたらよいのか」をテーマに取り上げ、思いやりや信頼関係につながるエクササイズを、ユニット2の観点から数時間連続して行いました。

身体接触を伴うエクササイズに、多少の抵抗を示していた子どもたちでしたが、しだいに男女を問わず友達の存在を受け入れるようになり、二学期当初に見せていた「しらけ」た雰囲気も影をひそめていきました。

ユニット2の最後に位置づけた「ブラインドウォーク」を活用した授業（指導案2）では、これまでの積み重ねがあったせいか、落ち着いた雰囲気の中にも真剣な意見交換がなされ、多くの気づきを生みました。この授業では、体験をもとにした学習であったこと、視覚障害者の立場で書かれた資料も併用して考えさせたことが、クラス内の人間関係だけでなく社会全般にも目を向けさせるきっかけとなり、発展的にプログラムを終えることができました。

**自己肯定観が高まる**

もともと素直な子どもたちに恵まれたせいもあり、二か月余りの取り組みでクラス内の雰囲気はしだいに活気を取り戻し始めました。自分自身の存在感や、友達のありがたみを実感を通して学んだ子どもたちには、本音で話せる雰囲気ができ、六年生としての自覚をもって卒業させることができました。

## ブラインドウォーク　指導案2

［主題名］・思いやり・親切（2－②）　［資料名］・朝子さんの一日（日本児童教育振興財団）

［ねらい］・思いやりの心をもち，視覚障害者の立場になって親切にしようとする態度を養う。

| | 学習活動とおもな発問 | 予想される反応 | 教師の支援および留意点 |
|---|---|---|---|
| 導入 | 1．1枚の絵を見て気づいたことを発表する。<br>・絵を見て気づくことはないですか。<br>・目に見えないとどんなときに困るでしょう。 | ・白い杖を持っている。<br>・サングラスをしている。<br>・道路を渡ろうかどうか迷っている。<br>・食事ができないし，買物もできない。 | ・不安げな様子から，目の不自由な人が横断歩道で困っている状況を把握できるようにする。<br>・これらの苦労は間接的なイメージにすぎないことを確認し，次の体験活動への動機づけを図る。 |
| 展開（前段・後段） | 2．ブラインドウォークをすることによって，目の不自由な状況を体験し感想を話し合う。<br>・目隠しをして一人で教室を歩いてみましょう。<br>・今度は二人一組になって支えてもらいながら廊下を歩いてみましょう。<br>・気づいたことを書きましょう。<br>3．目の不自由な人の誘導の仕方について考える。<br>・目の不自由な人がもっと安心して歩けるようにするにはどうしたらよいでしょうか。<br>・実際にやってみてください。<br>4．視覚障害者からみた苦労を知る。<br>・朝子さんにとっていちばんの障害とは何でしょうか。<br>5．自己を見つめ，実践につなげられるようにする。<br>・今日学んだことをもとに私たちができることを考えましょう。 | <一人で歩いたとき><br>・怖くて思うように踏み出せない。<br>・不安でたまらない。<br><支えてもらったとき><br>・障害物の所で声をかけてくれるので助かった。<br>・比較体感を通し支えられた安心感に気づくようにする。<br><br>・その人の助けになるように，まず，様子をうかがう。<br>・案内するときは，その人の気持ちを考え，押したり引っ張ったりしない。<br>・階段ではやさしく声をかける。<br><br>・見て見ぬふりをされること。<br><br>・このような障害をなくすこと。<br>・困っていることを聞いてあげる。<br>・手を貸して，できることをお手伝いする。 | ・いきなり大きく動いたりしないように，安全に気をつけるように助言する。<br><br>・二人組で交代で行い，一人は誘導する。危険な場所は助言する。<br>・興味本位で終わらないように気持ちを落ち着かせて行うよう助言する。<br>・個人の気づきを大切にする。<br><br>・「声をかけるとき」「案内するとき」「階段を歩くとき」など場面を分けて考えさせ，具体的にとらえていけるようにする。<br>・具体的なスキルを確認する。<br>・動作化を交え確認していく。<br>・資料を読み，障害をもった人の気持ちがわかるようにする。<br><br>・動作化したときの気持ちを振り返らせ，相手の立場に立って考えられるようにする。<br>・自販機やテレホンカードにも工夫があることを知らせ，日常生活に目を向けていけるようにする。 |
| 終末 | 6．教師の話を聞く。 | | |

［評価］・視覚障害者の立場に立って，親切にしようとする気持ちがもてたか。

6　道徳の新しい進め方

# 友人関係の固定化を楽しく防ぐ

土田雄一　つちだゆういち
市原市教育センター指導主事

**こんなときに!**

友達関係が固定化したとき

■**ねらい**
友達とのかかわりを増やし，カードを贈り合うことで，自分のよさ，友達のよさに気づかせる。

■**学年**　小4

■**時期**　1学期

■**時間**　道徳・学活

■**集団**　学級

**★諸富のひとこと**

クラスの友人関係の固定化をどうやって防ぐか。担任が最も頭を悩ませる問題の1つです。ジュゲムジャンケンは，ゲーム感覚で楽しく取り組むことができ，友達のいいところを見つけ合い伝え合うことで，新たな人間関係の広がりを体験するとともに，自己肯定感を育てることのできるエクササイズ。ジャンケンのノリを大切にして，ポジティブな雰囲気を保ちたいエクササイズです。

5月

●クラスの中で気の合う小グループの仲間としかつきあえない。
●休み時間に一人になる子どもがいる。

■道徳…友達とのかかわりを増やすことで、互いに理解し合う気持ちを養う。
・じゅげむジャンケン

●孤立しがちな子どもが休み時間に楽しく遊ぶ。
●別のグループの子どもと遊ぼうとする子どもが見られた。
■道徳…ブラジルからの転入生（光文書院）（信頼・友情）
■道徳…へんしんジャンケン
ジャンケンをして負けると相手の名前になる。続けて負けると最後に負けた相手の名前になる。一度勝つと元に戻る。
・友達知ってるつもりビンゴゲーム
友達への九つの質問に対して、答えを予想してビンゴを競う。中央にはいちばん自信のあるものが入る。友達との関係を知るランキングにもなっている。

6月

●友達への関心が高まる。
●先生や家族についてもビンゴゲームをしたがるなど、人への関心が広がった。

## なぜやりたかったのか

最近の子どもたちの中には、他人に対しての関心が薄く、人間関係をつくるのが苦手で自己肯定感が低い子どもがみられます。

クラスの子どもたちの状況をみても「気の合う一部の小グループの中でしかつきあえない子ども」「クラスの中でややうきあがっている子ども」などが感じられました。

そこで、道徳の時間にエンカウンターを行い、友達のとのかかわりを増やして、友達のよさ、自分のよさに気づき、互いに理解していこうとする気持ちをもたせたいと考えました。

なお本実践は、エクササイズと指導案を私が作成し、泉山靖治先生が市原市立京葉小学校にて行ったものです。

## 「じゅげむジャンケン」でかかわりをもつ

「寿限無」という落語をご存じですか。住職が長寿を願って長い名前をつけたことによる悲喜劇です。「じゅげむじゅげむ――」と始まり、長い名前を一気に言うところは、子どもたちにとって、面白さや楽しさを感じる場面です。

そこで、「ジャンケンに勝つと、相手の名前を自分の姓名の下にくっつけることができる」というルールのゲームをすることにしました。

このプロセスで、自然に友達とかかわり、名前を覚えることができると同時に、落語同様の長い名前に、まどろっこしさと面白さ、楽しさを味わうことができると考えました。

## 短学活でルールの確認と改善を

「じゅげむジャンケン」はできるだけスムーズに進めたいと思いました。そこで、短学活の時間にルールを説明し、実際にやってみることにしました。

初めに、教師と代表の子ども二人くらいで、簡単にデモンストレーションを見せ、やり方がわかるようにしました。やり方を示してあげると、子どもたちは楽しそうに始めましたが、「名前が覚えられないよ」という声が次々と出てきました。「どうしたらいいかな」と言うと、「紙に書いたらいいよ」と子どもたちが言ったので、本番は紙を用意して行うことにしました。

## いよいよスタート

道徳の前半を動きのある「じゅげむジャンケン」でスタートしました。

一度実施しているので、子どもたちは実に楽しそうに活動していました。とくに男子は、たくさんの名前を集めることに夢中で「じゅげむじゅげむ――」のあいさつもそこそこに、いろいろな人とジャンケンをしていました。

男女とも混じって楽しく活動し、男子の名前と女子の名前が混じったときには、笑い声も出ていました。

実施時間は三分間。終了を告げると「えーっ」という声が上がり、もっとやりたそうでした。しかし、今回の中心はこの後に「名前をありがとうカード」を贈り合って話し合うことにあると考えていたので、切り上げました。

ここで、名前の確認を五～六人にしておきました。けっこう長い名前になっていた子どももいました。

「たくさん名前をもらって、長い名前になった人はよかったですね。大切な名前をもらったわけですから、お礼に『名前をありがとうカード』を書きましょう。その人のいいところや、がんばっているところを見つけてあげるといいですね」と言ってカードを配付しました。一人に五枚配って、それ以上書きたい人は、自由に取りに来ることができるようにしました。

ジャンケンのときとは、うって変わった静かな活動にも、子どもたちは熱心に取り組んでいました。

机間支援をしながら、友達の少ないAくんやBさんに対してのカードが書かれてあるか、そっとチェックしました。何人か書いていた子どもがいたのでほっとしました。

カード書きはだいたい一、二分で終了させ、書いた子どもの机の上に裏返しにしてカードを配りました。子どもたちは、ちょっと緊張、どきどきした感じでしたが、自分へのカードがたくさんあるとうれしそうに読み始めました。

ここで、ちょっと困ったのが、心配していたＡくん、Ｂさん以外にもらったカードの少ない子どもがいたことです。一枚しかもらえなかった子どもが二人いました。

とっさのことだったので「カードの少ない人がいるので、だれか書いてください」と言いました。すぐに何人かの子どもたちが書いてくれたので、ほっとしましたが、書いてもらう側の二人の気持ちを考えるとよい表現だったとは思えません。もう少し、工夫した対応が必要でした。

「自分がもらった手紙（カード）を読んでくれる人？」と声をかけると、すぐに何人かの子どもから手があがりました。

子どもたちが書いたよいところは、次のようなものでした。

- ・いつも笑顔でいいですね。
- ・習字が上手だね。・絵が上手だね。
- ・いつも掃除をがんばっていますね。
- ・いつも遊んでくれてありがとう。
- ・人を笑わせてくれるのがいいです。
- ・食べっぷりがいいです。
- ・やさしいね。・親切だね。

発表後、授業の感想をワークシートに書いてもらいました。

残念ながら、感想を発表し合う時間がとれな

## じゅげむジャンケン　指導案

［ねらい］・「じゅげむジャンケン」を通して，友達とのかかわりを増やす。
・「名前をありがとうカード」を贈り合うことで，自分のよさ・友達のよさに気づく。
・友達のよさを互いに理解していこうとする気持ちをもつ。

| | 子どもの学習活動 | 教師の支援および留意点 |
|---|---|---|
| 導入 | 1．落語「寿限無」の話を聞き，活動への意欲をもつ。 | ・落語の内容を簡単に説明し，「長い名前がよい」と考えられていたことを押さえる。 |
| 展開 | 2．「じゅげむジャンケン」のやり方を知る。<br><ルール><br>①「じゅげむじゅげむ土田雄一です」と自分の姓名を名のる。<br>②ジャンケンをして勝ったとき（相手が諸富祥彦氏だとする），次のジャンケンのときの名前は，「じゅげむじゅげむ土田雄一祥彦です」となる。<br>③負けたときは，そのまま。勝ったときだけどんどん自分の姓名の下に相手の名前がつながって増える。<br>3．「じゅげむジャンケン」を行い，たくさんの友達とかかわる。<br>4．ジャンケン後の名前を発表する。<br>5．「名前をありがとうカード」を贈り合う。<br>・名前をもらった人にいいところやがんばっているところなどをカードに書いて渡す。<br>6．もらったカードを読み，読んだときの気持ちを発表する。（シェアリング） | ・説明だけではわかりにくいので，実際に子どもの代表に手伝ってもらって，デモンストレーションを行い，共通理解を図る。<br>・名前を忘れないようにするため，「紙にメモ」をするように指示する。<br>・３分程度が適当だが，子どもたちの状況によって柔軟に対応する。<br>・時間内に男女を問わず，たくさんの人とジャケンをするように指示する。<br>・３分程度行う（10 ～ 15 人という人数でくぎる方法もある）。<br>・やり方がよくわからない子どもがいないかどうか観察し，補助する。<br><br>・カードを５～８枚配付する。<br>・カードが極端に少ない子どもがいないかどうかを確認し，必要があれば，教師もカードを書く。<br>・読むだけでなく，読んだときの気持ちについても話すよう指示する。 |
| 終末 | 7．今日の学習の感想を書く。<br>8．教師の感じたことを聞く。 | ・時間があれば感想を発表させる。<br>・次時につながるプラスのメッセージを贈る。 |

［評価］・時間内に「じゅげむジャンケン」をたくさんの友達と行うことができたか。
・「名前をありがとうカード」を贈り合うことで，自分のよさ・友達のよさに気づくことができたか。
・友達のよさを互いに理解していこうとする気持ちをもつことができたか。

かったので、自分の感じたことを子どもたちに返して終わりにしました。

「みんなが友達のいいところをたくさん見つけられて、私もうれしいです。もらった人はきっと、もっとうれしかったでしょうね。これからも友達のいいところをどんどん見つけて、もっともっと仲よくなってください。

それから、ほめられた人は自分がそう思っていなくても、きっと、それはそれですばらしいところなのですよ。自信をもってください。自分のことをよく見てくれる仲間がいるということはうれしいことですね」

## 子どもたちの授業の感想

・いろいろな人とジャンケンしておもしろかったです。ふだん遊ばない人でも仲よくなれていいゲームだと思いました。
・負けてよかった。カードを八枚もらった。ほとんどの人が笑ってるねとやさしいねと書いてあった。
・勝ってばかりの人はカードがなくてかわいそう。でも、みんなのいいところを探してとてもうれしかった。今日はとてもいい勉強をしました。
・ジャンケンで三回負けました。そしたら、全部違うことが書いてありました。またやりたいです。

感想は全体として好評でした。しかし、たくさんカードをもらっても、同じような内容ばかりだった子どもはやや不満だったようです。

男子の感想は、とくに「じゅげむジャンケン」に関連する内容が多く、カードの内容についてよりも印象が強かったようでした。

クラスの中で友達の少ないAくんは思いのほか、多くのカードをもらいました。授業後の休み時間もいつもよりイキイキと過ごしていました。その様子を見ていただけでも、今回の授業を実施したかいがあったと思いました。

## 反省点・改善点は？

①チャンピオンを決めよう！

たくさん勝った人は後でもらえるカードが少ないはずです。ここで「いい思い」をしておくとよいでしょう。

②カードが少ない子どもへの対応は？

あらかじめ、「名前をもらった人」と「班の人」にカードを贈るようにしておくと、必ずある程度の枚数がもらえます。しかし、ゲームとの関連がやや希薄になるという問題もあります。

③時間配分の工夫を。

前半を短くし、話し合いの時間をもう少し確保したいと思いました。それが、道徳の時間としての深まりを増すことにつながります。

④発展させて生かしましょう。

友達のよさに目がいくエクササイズをしたのですから、これで終わりではもったいないです。さらに他者理解や自己開示を進めるエクササイズを、計画的に実施するとよいでしょう。

## 次の道徳の時間につなげて

「友達と互いに理解し、信頼し、助け合う」ことをねらいとした資料を使った授業を、あまり離れていない時期に行うといいでしょう。そうすれば、子どもたちは意欲的に取り組むでしょうし、価値の内面化を図ることにもつながります。

このように、エンカウンターのよさを生かして、ユニットを組み、道徳の授業を進めるとより効果的です。

道徳の年間の授業時間は三五時間。内容項目は中学年で一八項目です。従来型の道徳の授業（資料を中心とした授業）のねらいと、エンカウンターのねらいが近いものを効果的に組み合わせることで、新しい道徳の授業が創造できるのではないでしょうか。

**参考・引用文献**

諸富祥彦・土田雄一編著『道徳と総合的学習で進める心の教育（小学校・中学年編）』明治図書

7　学びと気づきの豊かな教科指導

# 心ほぐしで豊かな表現！

加瀬和子 かせかずこ
千葉市立花見川第五小学校教諭

**こんなときに！**

緊張した心をほぐしたいとき

**■ねらい**
気になっていることを自分で整理し，心をほぐして，豊かな発想を表現しようとする気持ちを高める。

**■学年**　小６
**■時期**　２学期〜卒業
**■時間**　図工
**■集団**　学級

行事でつかれた…
物語がうかばない…
もやもやをすっきりさせなきゃ…。
書いてみると、大したことじゃないね！
みんないっぱい書いてるから、同じだね。

**★諸富のひとこと**

図工の時間に何を表現したいかと尋ねても，「何も描きたいものがない」という答えしか返ってこない。こんなとき，子どもたちの心に不安が潜んでいることがよくあるものです。本実践ではフォーカシングのクリアリング・ア・スペース法を応用した「箱イメージ法」を使って子どもの心をほぐし，安心感を与え，そのうえで表現活動に取り組ませることに成功しています。子どもの安心感が伝わってくる実践ですね。

9月

●一人一人が何か重い気持ちを抱えている様子。図工で「楽しいお話の絵を描こう」の投げかけに，「描く気分じゃない」との反応である。導入段階での心ほぐしの必要を感じる。

■図工…「絵に表したい物語」の授業の導入
・箱イメージ法①で自分の心をほぐす
■図工…「絵に表したい物語」の授業の導入
・箱イメージ法②で自分の心の変化を見つめる
■図工…「絵に表したい物語」の授業の導入
・箱イメージ法③を自分なりに生かす

●高学年として抱えている行事や，諸活動等での責任，友達との合意形成ができずに悩んでいることを自身で認識できた。悩みや困っていることがあるのは自分だけではないと知る。

■Xからの手紙
■箱イメージ法

●自分の価値を実感できた。
●不安の原因を見つめ解決できること，解決できなくても心の折り合いがつけられるようになった自分を認識する。

卒業直前

## なぜやりたかったのか

低学年で担任した子どもたちと、また高学年で出会いました。週二時間の図工科の指導を通して、子どもたちとかかわり見つめることができ、教師としてもうれしい出会いでした。

六年生になった子どもたちは、校内の主たる行事以外にも、対外的行事・宿泊を伴う行事等、多くの生活体験をするようになっていました。

このように自主的に活動する場が増すにつれ、子どもなりにストレスや悩み等を抱えていることは、成長段階からみて当然と考えられました。

無邪気に話ができた低学年期のころと違い、心の中にしまわれているものの重さに気づかず生活しているうちに、心身の疲労につぶされかけている子どももいることが、日常の子ども同士の会話や、図工の時間の会話から考えられました。

子どもたちは「絵に表したい物語をいろいろ見つけてみましょう」「物語から広がる場面を自分なりに想像し楽しもう」という投げかけにも、「描きたいものがなーい」という反応でした。あるいは、無関心な表情も目にとまりました。

## 描く気にならないのはなぜ?

そこで、気分をすっきりさせてから、楽しい気持ちで絵を描こうと、描く気にならない「もやもやさがし」から取りかかりました。

諸富先生のご指導のもと、「箱イメージ法」に取り組んだ中学校の展開例を参考にさせていただきました。次のやりとりは、最初に行ったときの様子です。

「このごろ、気になることや嫌なことがある?」

「まあ。あるけど。」

「よくわかんない。」

さまざまな反応です。そこで、箱イメージ法のプリントを配り、

「この四つの箱には、いまの自分の気持ちを嫌でなければ書いてみてね。文字で書きたくなければ絵でもいいし、自分だけがわかる暗号みたいに書いてもいいね。四つも書くことがなければ、箱には遠慮なくふたをしてね。」

と話しました。聞いているうちから早く書きたいという表情の子どももいました。

「下の欄には、書き終わったあとの気持ちを書いてみてね。書きたくなければ書かなくていいです。書いたことを他に言ったりしないので、安心してね。」

「字はばれるよね。」などと種々のつぶやきが聞こえましたが、真剣に取り組み始めました。

## 一回目の取り組み

一回目の取り組みです。訴えたいことを文字でそのまま書く子もいました。

**■箱イメージ法**

- ・いま、気になっていること、嫌なことがあるか自分の心を見つめる。
- ・気になっていることをプリントにある箱の中に書く。なければ無理に書かない。
- ・書き方は、ほかの人にわからないように絵でも暗号でもよい。自分がわかればいい。
- ・気になっていることや、いやなことのない人は箱にふたをする（回を重ねるとふたが書かれた箱が増えていく）。
- ・下の方に書き終わったときの気持ちを書く。先生に聞いてほしいことを書いてもよい。
- ・記名するかどうかは自由だが、「先生に聞いてほしいなという気持ちの人は遠慮なく名前を書いてね」と伝える。

・私の悪口を言わないで。
・「次の当番のときにペアの人がだれもいなかったら」って思うと不安。ひとりぼっちだったらどうしよう。
・委員長の仕事は責任があって大変。疲れた。
・仲直りしたい人がいるけど、できない。
・疲れた。休みが欲しい。
・母によくしかられる。自分を変えたい。
・○○さんは先生にひいきされている。

人にわからないように暗号や絵で表す子が多かったのですが、これらのように文章でしっかり書いた子どもたちもいました。そして子どもたちがふだんどんなことを考えて生活しているのかがわかってきました。

見えてきたのは、思ったことをそのまま口にすると、友達との関係が壊れるのではないかと心配して、本心で生活できないでいる子どもたちの姿です。

そんな子どもたちですが、このエクササイズを初めてやってみて、「悩みがあるのは自分だけではない」とわかり少し安心したようです。

箱の中に気持ちを書き出したあとの子どもたちは、言葉が多くなり、笑顔で作品の構想を練り始めました。

**二回目の取り組み**

二回目になると、作品作りの時間を、より気持ちよくするためにしているらしいと察する子

一回目の例①

気持ちを整理しよう
番号
陸上
友達関係
(ある3人以外)
感
箱になやみやきになることをかけといわれて
かいてみていろいろななやみがあるんだなぁとわかり、
私はこのなやみをかいけつしないまま、またあらたに
不安がふえるであろう。

一回目の例②

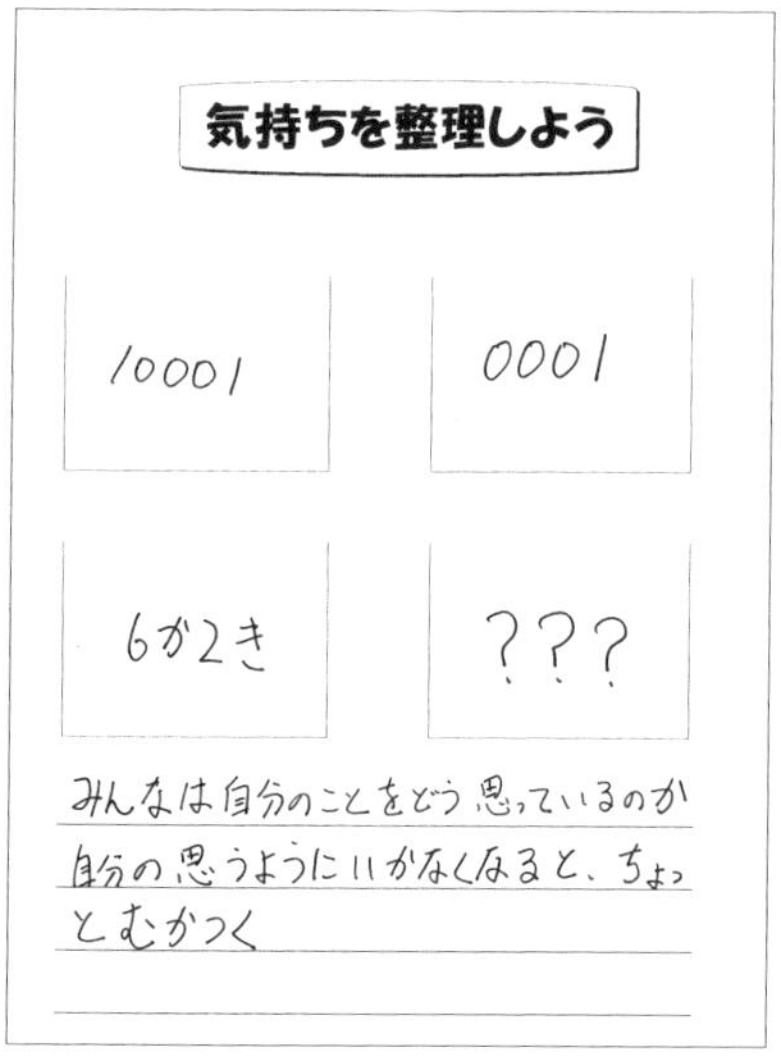
気持ちを整理しよう
10001
0001
6か2き
???
みんなは自分のことをどう思っているのか
自分の思うようにいかなくなると、ちょっ
とむかつく

二回目の例

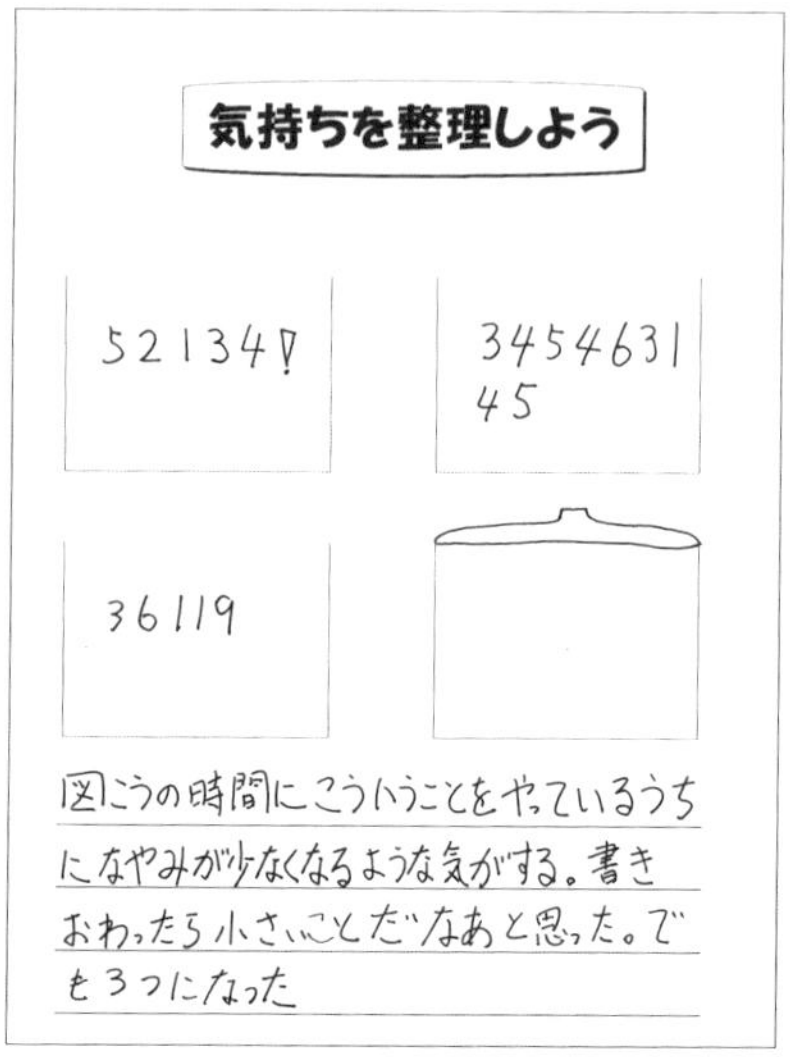
気持ちを整理しよう
52134!
3454631
45
36119
図こうの時間にこういうことをやっているうち
になやみが少なくなるような気がする。書き
おわったら小さいことだなぁと思った。で
も3つになった

三回目の例

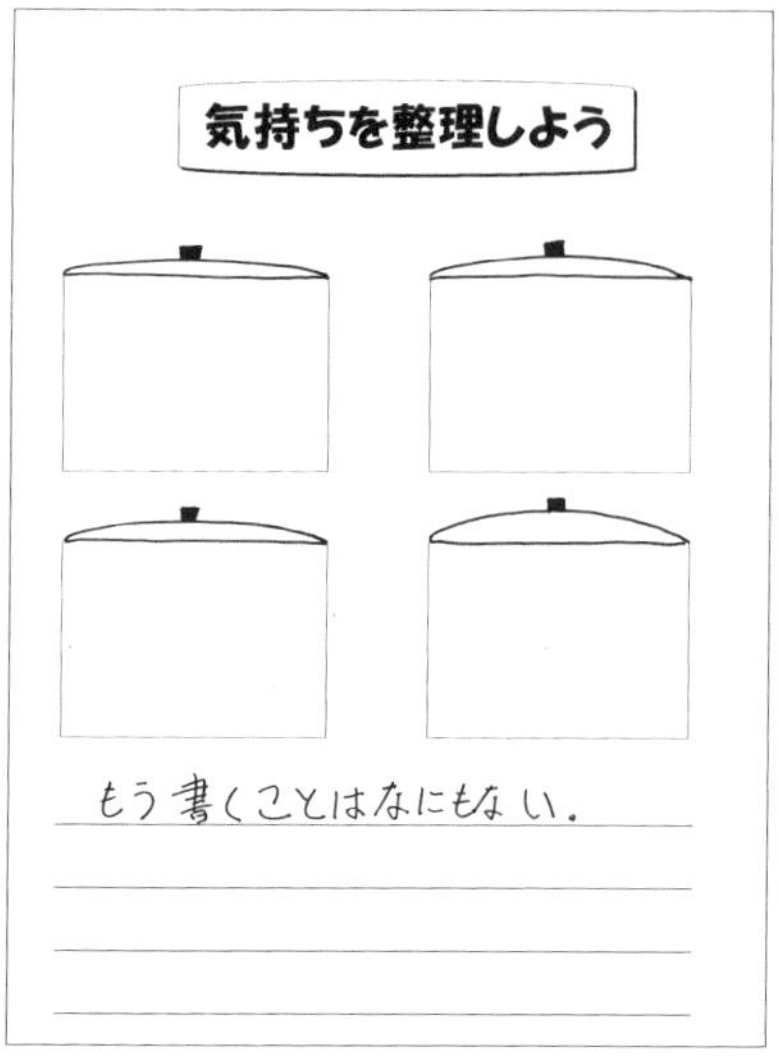
気持ちを整理しよう
もう書くことはなにもない。

どもいました。

学級担任とは、子どもの生活状況を連絡し合うように心がけました。卒業期の三学期に向けて、図工の学習を通しての人間関係づくりで、どのようなことができるかを考えていました。

図工の作品作りとしては、導入部分で気分よく入り込めたせいか、海中の城や宇宙空間の想像図、花が咲き小動物の遊ぶ構図など、自由にイメージを広げて楽しんでいました。

## 三回目の取り組み

心の中の不安定な部分を、整理をしたりよく考えたりすることで、自分なりの解決へと歩を進めた子どももいる様子でした。作品づくりどころではないという感じだった子どもたちが、作品に向かいながら批評し合う姿もみられました。

箱イメージ法を取り入れたことが、図工科の技能を高めるために機能したとはいえませんが、心がほぐれた状態での取組みを可能にしました。

## 教師と子どもの感想

人の思いの中で生きていると実感したとき、これまで価値を見いだしていなかったことまでもが輝きを増して自分に向かってくると感じるものです。ですから、子どもたちには自分への受容と共感が体験できる場面づくりをしたいと思っています。

「絵なんて描きたくない」と口にした子どもたちのほんとうの理由は、技術的な面からのしり込みであったのかも知れません。箱イメージ法ではなく、「ストレスマネジメント」等の、段階を追った展開の仕方が妥当かも知れません。

しかし、子どもたちにとって、学校での全場面が生活だと考えたとき、すっきりしないもやもやを抱えていると実感したそのときが、まさに自分の心を振り返るチャンスでしょう。そんな思いで、図工の導入時に少しの時間をかけて取り組みました。

子どもたちは、楽な気持ちで絵を描くことができました。無表情が少々多弁になり、問われずとも構図・構想について語りながら描き始めました。毎時間ごとの自己評価や友達への評価も、ひとこと豊かになりました。「クラスの先生でなくても、私たちのことを考えてくれてありがとう」という感想もありました。

次のものは、三回目に行ったときの感想です。

・嫌なことも、書いてみるとたいしたことじゃないんだね。
・みんないっぱい書いているから、同じだね。
・（何回か書くうちに）時間がたつと平気になるものなんだ。
・気楽な気分で書きました。
・書いたことを友達と聞き合って話をしたら、笑って話せてよかった。

そして最後に子どもたちが、気持ちよく絵を仕上げたあとに残った感想は、彩色が美しいとか、面白いことをイメージしたから傑作だ！　と、図工科だけに作品への思いが主になりました。スタートの言葉を思うと何よりうれしい結果でした。

## 卒業を控えて

卒業目前の子どもたちに自己受容・自己信頼を味わわせたい。また、自分と友達がどうつながっていたのかも感じとらせたいと願って、「図工の学習で感じた友達への感謝」と投げかけ、「Xさんへの手紙」を最後の学習で行いました。

学級担任ではないので、交流の少ない子どもが悲しい思いをしないか、いささかの不安はありましたが、秋から三学期に向けての安定した空気のままに、どの子どもにも読み応えのある様子が見てとれました。

手紙を何度も読み返す子ども。書いてくれたと思われる友達を見てニッコリする子ども。自尊感情をたっぷり味わう空気が流れていました。

**参考文献**
國分康孝監修『エンカウンターで学級が変わる』図書文化
諸富祥彦『学校現場で使えるカウンセリングテクニック　上』誠信書房

8　養護学校の自立活動

# 病気をもつ子の自己受容と自立を育てる

地引祐子　じびきゆうこ
千葉県立仁戸名養護学校教諭

**こんなときに！**
自分を否定的にとらえている

**■ねらい**　病気療養児が，病気をもつ自分自身を肯定的に受容し，前向きに生きていこうとする意欲を高めるために。
**■学年**　中３
**■時期**　２～３学期
**■時間**　自立活動，学級，道徳
**■集団**　学級

自分を見守っていてくれるものが、なんだったのか、また、どんなメッセージを投げかけてくれたのか、お互いに話し合ってみてください。
私は二人組の男の子を思い浮かべたんだ。

**★諸富のひとこと**
最近，私の研究室では，病弱養護学校の先生でエンカウンターを学ぶ方が増えてきています。病気をもつ子どもは自己否定的になりがち。教師が説教で生き方を説くより，エンカウンターで自己受容を学ばせるほうがずっと効果的なのです。本実践の「自分を支えてくれているもの」は，地引先生と私でつくった最もお気に入りのエクササイズ。どうぞお試しください。

**7月**
●自尊感情尺度、私のＰ－Ｌを実施。
●学校や入院生活に戸惑いを感じている。自己肯定感が低く、高校生活や人間関係に関する不安が強い。

■リレーションづくり（対人関係の形成）
・三種の神器

●お互いの様子を見ながらグループで活動し始める。転入生はまだクラスになじめていない様子。

**9月**
■リレーションづくり（対人関係の形成）
・春夏秋冬
■自己主張（病状に応じた献立作成）
・料理対決

**10月**
■他者理解、自己理解（対人関係の形成）
・私はレポーター　・もしも……だったら

**11月**
■自己受容（病気の受容）
・先輩から学ぶ　・私のライフライン
■自己受容、自己肯定感（病気の受容）
・自分を支えてくれているもの

●学校や入院生活にも慣れ、受験に向けてがんばっているころ。

**12月**
■自己理解（意欲の向上）
・高校生になった私からの手紙

●自尊感情尺度、私のＰ－Ｌを実施。
●自己肯定感が高まり、病気に対しての不安も軽減した。高校生活への期待も大きくなってきた。

## なぜやりたかったのか

本校は、小児癌や腎臓疾患などの病気で入院生活を余儀なくされた、小学校一年生から高校三年生の生徒たちが在籍する病弱養護学校です。

養護学校の教育課程の中には「自立活動」という領域があります。ここでは、自己の病気についての理解を深め、病状に応じた生活を実践しながら主体的に生活・行動できる生徒をめざして指導にあたっています。この「自立活動」の中で、腎臓疾患の中学三年生を対象にエンカウンターを活用した授業を展開しました。

腎臓疾患の場合、学校検尿によって自覚症状がないまま入院する生徒が多くを占めています。「検査で来たのに、尿所見が悪いから今日から入院って言われた」と、自分のおかれた状況をきちんと把握しないまま入院生活を迎えるのです。いままで、ガンガンに運動をしていた陸上部のエースだった生徒もいます。

もちろん、病気が治れば退院し、もとの中学校に戻れますが、やはり病気になった自分、友達と違う自分を感じています。また、入院期間の長い生徒は、集団での生活体験が少なく、対人関係に不安をもっている場合もあります。

さらに、病状の変化への不安や薬の副作用（脱毛、ムーンヘイス）、治療上の制約などから、心理的に不安になりやすい傾向があります。

このような生徒たちに、病気である自分を受容し、自己肯定感を高め、前向きに生活していってほしいという願いを込めてエンカウンターを実施しました。

## 人間関係をつくる

まず、人間関係づくりに、グループで協力して楽しく取り組めるエクササイズを行いました。

初めてのエクササイズ「三種の神器」を実施するときは、「何をするの？」と、生徒は半ば不思議な気持ちで取り組み始めました。転入生も多く、静かな雰囲気の中で行われましたが、地図を張り合わせて宝物の隠し場所がわかると、急いでその場に探しに行っていました。見つけて戻ってきたときには、鼻歌を歌っている生徒もいました。

その他「春夏秋冬」などリレーションづくりをメインとしたエクササイズは、全員が楽しく取り組めたようです。

「料理対決」では、イタリア料理の絵を上手に描いて、メニューのように工夫して発表した生徒や、「洋食ダンス」というものを披露しながら、料理のよさを主張した生徒もいて、大変盛り上がりました。また、これらは病状に応じた献立作成の授業を展開していくためのよい導入となりました。

## 病気を受容し自立への意欲をもつ

次に、自己の内面を見つめていくエクササイ

---

### ■私のPIL

・「自己肯定感・病気の受容・意欲」の観点で、「生きがいテスト」と「自尊感情尺度」（岡堂哲雄『生きがいテスト』河出書房新社）を参考にして諸富祥彦先生と地引が共同で作成。

**私のPIL（Purpose in Life test）**

①（5者択一式）

5そう思う，4やや思う，3どちらでもない，2あまり思わない，1全然思わない

1　毎日がとても充実している
2　人生は自分の力で十分やっていける
3　将来にはっきりとした希望をもっている
4　いままでの生活はとても充実していた
5　退院後やってみたいことがある
6　私は目標に向かって着々と進んでいる
7　病気のことを人に説明することができる
8　病気を十分理解して生活している
9　入院生活でプラスになったことがある
10　病気になってからでもよいことがある
11　病気でもできることはたくさんある
12　私はよい面をたくさんもっている
13　私は自分に自信がある
14　自分に自慢できるところがある
15　私はいまの自分がとても好きである

②（記述式）

1　自分がいまいちばんしたいことは，
2　いま，いちばんの不安は，
3　自分の最高の望みは，
4　悩んでいるときに相談する人は，
5　いまの目標は，

### ■三種の神器

・三人一組をつくる。
・宝物のありかが書いてある、バラバラになった校内の地図を、一言も口をきかずにグループで貼り合わせて、制限時間内に宝物を探す。

### ■春夏秋冬

・春、夏、秋、冬の中でいちばん好きな季節が書いてある紙の所に集まり、グループをつくる。
・なぜ、その季節が好きなのかを一人一人が話す。「春の好きな○○です。理由は、……」
・その季節をテーマに、一人一つずつ画用紙に、無言で絵を描き加えていき、物語を作成する。
・グループごとに作成した絵（物語）について発表する。

ズや、病気を受容し自己肯定感の向上につながるエクササイズを実施しました。

「私のライフライン」や「自分を支えてくれているもの」は、病気の自分と対峙していくものです。入院期間の長い生徒や短期入院の生徒でも、真剣にいままでの過去を振り返り、自分の気持ちを語ることができました。

とくに、「自分を支えてくれているもの」では、メッセージを受け取って元気づけられたことや、友達も同じような気持ちでいることがわかって、ホッとした様子が振り返りシートの記入などからうかがわれました。これについては、後に詳しく紹介します。

また「高校生になった私への手紙」では、一年後は体調も安定していて、家から高校に通学している自分、バイトをやっていて、彼女（彼氏）もできている自分を想定して楽しく手紙を書いていました。友達の手紙を読んで励ましのメッセージを書くときのほうが、みんな緊張していて、考えながら無言で取り組んでいました。そしてなによりも、友達からの励ましのメッセージがとてもうれしかったようで、ニヤニヤしながら戻ってきた手紙を読んでいました。

### 自分を支えてくれているもの

一生病気とつき合っていかなければならない生徒にとって、自分の病気や弱さをあるがままに認め、病気とともに前向きに生きていこうという姿勢は大切なものです。これには、病気の自分、弱さを伴う自分自身を深く受容し、肯定することが前提となります。

そして、深い自己受容や自己肯定が可能になるには、自分のことをたえず見守り、すべてを認めて許してくれるような存在が必要です。

そこで、学級内でのリレーションができ、入院生活にも慣れてきた時期に、本エクササイズを実施しました。悲しいときや落ち込んだときに、自分を励ましてくれるものの存在に目を向けて、そこから自分に投げられるメッセージを受け取ることで、自分自身を見つめます。これにより現在いちばん気になっていること（病状、受験、自分自身に関すること）が明確になり、受け取ったメッセージを、今後の生活の中に生かしていこうとする気持ちをもつことができました。

ただ、弱い自分を出せず、「見守ってくれているものの顔なんて思い浮かばないよ。書くのやだよ」と抵抗を見せ、あえて表面的な記述をした生徒もいました。それはそれで、その生徒のいまの気持ちを尊重しながらシェアリングを行いました。

### エンカウンターを実施して

十二月の最後に、エンカウンター実施に関するアンケートを記入してもらいました。楽しかったエクササイズの上位三つは、「三種の神器」

---

**■料理対決**

・「和食」「洋食」「中華」「イタリア料理」の中で、自分の食べたい料理を選ぶ。
・同じ料理を選んだ友達同士でグループをつくり、その料理のよさを病状を考慮しながら主張し合う。
・その後、病状に応じた献立を一人一人が作成する。

**■私はレポーター**

・二人一組になって、質問紙をみながらインタビューし合う。

**■もしも……だったら**

・二人一組になる。
・「消灯時間を守れない生徒と看護婦さんの会話」や、「退院して、中学校に戻ったときにどう自己紹介をするか」をテーマに役割を交換しながら演じる。

**■先輩から学ぶ**

・白血病の大学生の手記を読み、どのように病気を受容して生活しているのか、グループで話し合う。

**■私のライフライン**

・中三までの自分の歴史を振り返り、楽しかった時期、苦しかった時期を曲線でグラフ化し、どんな出来事があったのかをまとめていく。
・二人一組になり、そのころの様子を話し合う。

**■高校生になった私からの手紙**

・高校一年生になった一年後の自分から、いまの自分に手紙を書く。
・一年後そうあるためにいますべきことについて考える。
・五人グループで手紙を回し読みして、友達の励みになるようなメッセージを書き加える。

「春夏秋冬」「高校生になった私からの手紙」でした。

自分について考えたエクササイズは、「私のライフライン」「自分を支えてくれているもの」でした。

全九回のエクササイズを実施しての感想には、次のような記述が見られました。

「いままで自分の意見、自分のほんとうの気持ちをはぐらかしていて、健康な人と自分を比較していた。けれど、けっこう自分のほんとうの気持ちを言えるようになった。自分はこう考えていると、他の人とは違う意見をもったときでも、はっきり言えるようになりたいと思った」。

「日ごろ考えないことを考えた。自分はこんな考えをもっていたんだと新たな発見ができた」。

「私は、自分が嫌いで、自信がなかった。それが自分にとっていちばんつらいことだとわかりました。そんな自分を少しは好きになれそうです。振り返りシートには自分の気持ちを素直に書くことができました」。

病気と一生つき合っていかなければならない生徒にとって、自分自身の内面を見つめ、病気を受容して自己肯定感を高めるための一つの方法として、エンカウンターは有効だったと思います。

**参考文献**

國分康孝監『エンカウンターで学級が変わる　中学校パート3』図書文化

## 自分を支えてくれているもの　指導案

[ねらい]　・自分を支えてくれるものを思い浮かべ，自分を元気づけるメッセージを与えて，生活への意欲づけを図る。

| | おもな活動と内容 | 教師のかかわりと働きかけ |
|---|---|---|
| 導入 | 1．深呼吸をして，気持ちを落ち着ける。 | ・エクササイズの目的と手順を説明する。<br>・リラックスした雰囲気をつくる。 |
| 展開 | 2．ワークシートへの記入<br>・思い浮かんだものを絵や言葉で記入する。<br>・名前をつけて自分へのメッセージを記入する。<br>・自分がメッセージを受け取って，どんな感じがしたかそれを生活にどう生かすか記入する。 | ・お星様，家，犬，ドラえもんなど，例をあげて，いままで自分を見守ってくれていたものをイメージさせる。<br>・相手の発言を笑ったり非難したりしないよう指示を徹底させる。 |
| 終末 | 3．二人一組になり，ここまでの作業を話し合う。<br>・話をして感じたことを発表する。<br>4．教師によるまとめ | ・発表できる生徒のみに発表させる。<br>・自分を守ってくれているものに気づくと，自分に弱いところがあっても，そういう自分とつき合いながら前向きに頑張ろうという気持ちがもてた。 |

[評価]　・いまの自分を肯定し，前向きに生活していこうとする気持ちをもつことができたか。

### 自分を支えてくれているものワークシート（①～④は記入例）

1．あなたを見守っていてくれるものが顔をもっているとしたら，どんな顔でしょう。その顔を書いて名前をつけてみましょう。上手下手は関係ありません。絵がむずかしければ言葉でもかまいません。

①長い髪，目が2つ，女性（母○○○）　②仏のような顔（治療風葬）　③二人組の男の子（ゆず）

④全体の色は桃色で髪の毛はサラサラ（枕・キラ）

2．見守ってくれているものは，自分にどんなメッセージを投げかけているでしょう。

①あんまり暴れるな。　②休んでいろ。私が病気を吹き飛ばす。病気に逆らうな。　③元気を出してがんばれよ。

④なんでも言っていいんだよ。泣いてもいいよ。いっぱい泣いてまた明日がんばろう。

3．そのメッセージを受け取ってどんな感じがしますか。

①気をつけようと思う。　②わかりました。疲れたときは無理をせず休みます。　③私だってそう思っている。

④自分のほんとうの気持ちが言える。気が済むまで泣ける。

4．そのメッセージを，どんなふうに自分の生活（人生）に生かしていきますか。

①自分で，もっときちんと生活管理をする。　②なにごとも無理をせず，病気を悪化させないようにする。

③健康な人と自分を比べていた。病気になる前の積極的な自分に戻りたいと思った。

④素直に自分を見つめて自分のことを好きになる。

9　まずは体験！　教師研修会

# 先生方にも エンカウンターのよさを

**櫻井利行** さくらいとしゆき
千葉市立検見川小学校教諭

**こんなときに！**

学校ぐるみで取り組むきっかけ

**■ねらい**
あたたかい人間関係を教師自身が体験することで，子ども理解を深めるきっかけとする。

**■対象**　大人
**■時期**　10月
**■時間**　朝の研修
**■集団**　教職員

**★諸富のひとこと**

勤務校で他の先生にエンカウンターを伝えたい――こんな願いをもっている先生方は多いと思います。しかしエンカウンターは，口で説明するだけではなかなかわかってもらえない。体験してもらうのがいちばんなのだが，教師は忙しくてなかなか校内研修の時間もとれない。本実践は，そこであきらめる必要がないことを教えてくれます。

たった15分でもこれだけのことができるのです。

通年　→　本時

●子どもを理解するための取組み
・事例研究（一人一事例研究〈平成十一年度まで〉）
・生徒指導・教育相談委員会（月に一回）
・校内就学指導委員会　（学期に一回）
・職員研修
①研修　教員全員参加（毎週木曜日）
・全体研修　・部会研修　・授業研究
②朝の研修　全職員参加（毎週水曜日）
・子どもについての情報交換
・教育相談関係の研修

●エンカウンターを研修する前の教職員の様子
・聞いたことはあるが体験したことはない。
・エンカウンターの研修を受けたことはあるが指導したことはない。

□事前の準備
・係の準備
エンカウンターの概要とエクササイズに関する資料を作成、短冊の配布、手紙を書く相手の分担、短冊を入れる袋の用意
・事前活動（一週間前から）
職員同士でお互いのいいところをカードに書き出しておく。

■朝の職員研修会（一五分）…エンカウンターのよさを味わう。
・エクササイズ「幸せの手紙」
・書いてもらった長所を受け取る。
・振り返り用紙に感じたことを書く。
・感想を話し合う。

■エクササイズ「ぼく・わたしの秘密」

●エンカウンターを研修した後の様子
・エンカウンターをすることで、自分や人のことがよくわかった。
・エンカウンターの指導の仕方がよくわかった。学級で指導をしてみたい。

### 検見川小学校の研究の取組み

本校は、平成四年度から十一年度まで、次の研究主題を掲げて研究に取り組みました。

> 一人一人を大切にし、個々を生かす指導はどのようにしたらよいのだろうか。
> ―特別な配慮を要する子どもへの指導を通して―

この研究を通して、本校職員は「すべての子どもが、配慮を要する子どもであること」や「子どもの指導は担任だけがするのでなく、すべての教職員で行うこと」を共通理解しました。

そして、学校体制を組織化して教職員相互の協力体制を組み、全職員で子どもの支援に努めてきました。学級担任は個を生かす指導を追求するために、一人一事例ずつ事例研究を行い、学校全体では特別な配慮を要する子どもの援助のあり方を、毎月の生徒指導教育相談員会で、話し合ってきました。

さらに、子どもをより深く理解するために、毎週水曜日の朝の打ち合わせで職員研修を行い、子どもたちの情報を交換し合いました。また、子どもの実態を把握するためのさまざまな観察の仕方や、検査の仕方についても研修を積みました。

これから紹介するのは、この朝の研修で行った実践例の一部です。

### 本校でエンカウンターに取り組んだ理由

本校では、子どもの実態を知るためにいちばん大切なことは、子どもを観察することで、心理検査はその補助的なものととらえています。しかし、そのように子どもの実態を観察するよう心がけていても、何年研究しても「実態調査はむずかしい」という反省が出ていました。

私は、エンカウンターは、子どもをより深く知る方法の一つであり、エンカウンターが子どもも理解に役立つと考え、朝の職員研修に、エンカウンターを提案することにしました。

### 教職員同士のエンカウンター「幸せの手紙」

職員の研修でエンカウンターを紹介するのは、本校では初めてのことでした。私はできるだけ強い印象を与えることができるエクササイズを探しました。

私は、いままで「幸せの手紙」のエクササイズを通して、子どもたちが感動していた様子が印象に残っていたので、大人に対してもできるのではないかと考えました。

その一方で、不安な気持ちもありました。大人は、人の短所に目を向けがちであったり、素直に人の賞讃を受け入れにくい面があったりするので、このエクササイズが失敗することも予想されたからです。

しかし、人や自分の長所を再発見できれば、

## 幸せの手紙

［ねらい］・同僚のよいところを見つけて手紙を書き，相手を認める態度を育てるとともに，認められている受容感や存在感をもち，職場にあたたかい雰囲気をつくる。（他者の受容，自己の受容）

| | おもな活動と内容 | リーダーのかかわりと働きかけ |
|---|---|---|
| 導入 | 1．準備 | ・人数×17枚のカードを配る。 |
| 展開 | 2．同僚のよいところをカードに書く。<br>3．カードを配達する。<br>4．同僚から受け取ったカードを読む。<br>5．感想を話し合う。 | ・手紙の数に偏りが出ないようにするために，自分の名前を17枚分書いてもらい，そのカードを配るようにする。自分のカードが入っていた場合は，集めて取りかえる。<br>・職員の人数に合わせて，手紙の数は増減する。<br>・配達するときに，棚などを利用すれば，スムーズに配達できる。<br>・時間がない場合は，前もって手紙を書いてもらっておき，振り返りの時間を多く確保したい。 |
| 終末 | 6．振り返りをする。 | ・他者の受容，自己の受容について振り返る。 |

むずかしさがある分かえって、子ども以上に新鮮な喜びや驚きを感じることができるかもしれないと考え直して、「幸せの手紙」を行うことにしました。

指導の流れは次のとおりです。

## 当日までの準備

朝の研修は、十五分しかありません。この時間の中で、エクササイズと振り返りを行い、エンカウンターのよさを味わってもらうことが、提案者の課題でした。

そこで、エンカウンターについて知らない人にはエンカウンターの概要をまとめた資料と、担当している学年で使えそうなエクササイズをまとめた冊子（近隣の先進校が作成したもの）を用意することにしました。

また、相手の長所は事前に短冊型のカードに書いてもらうようにし、当日はカードを配るところから始めるようにしました。職員室に、カードを入れる各個人の袋を用意しておき、書けた人から袋の中にカードを入れてもらいました。カードを書く期間は一週間としました。

また、全職員分を書くのは負担が大きいので全職員を二班に分け、一人が十七人分のカードを書くことにしました。

そして、全員に名簿を渡し、だれに書くのかを確認できるようにしました。カードを書く人は匿名としました。

## 準備期間の先生方の様子

いよいよ、長所探しが始まりました。日ごろ付き合いがある人に対しては、すぐに長所を見つけることができるのですが、その反面、あまり話をする機会が少ない人の長所を書くのには、みんな苦労をしている様子でした。

長所がどうしても思いつかず、相手を遠くからじっと見つめている職員の姿があちらこちらで見られました。

カードを一生懸命に書いている姿は、いつもとは一味違い、仕事のときとは異なる真剣さが見られました。また、なかなか書けなくて苦しみながらも、どこか楽しそうな表情の人が何人もいました。

自分が書いた短冊を相手の封筒に入れるときには、ついでに自分の封筒の膨らみ具合を確認していく人が何人もいました。その表情から「早く当日がこないかな」という声が聞こえてくるようでした。

## いよいよ当日

「みなさんの長所を知らせてくれる手紙を配ります」という声とともに朝の研修が始まりました。封筒が配られると、みんな一枚一枚のカードをじっくり読んでいました。また、同じカードを何度も読み返したり、大きくうなずいたりする姿があちらこちらで見られました。

私は、十数枚のカードならば、すぐに読み終わって次に移れるだろうと考えていました。ところが、どの人もほほえみをたたえて、カードを繰り返し読んでいる姿を見て、急いで進行するのはやめました。

五分ほど経過してから、事前に配っておいた振り返り表について説明をし、記入してもらいました。振り返り表は、次のものを使いました。

### 幸せの手紙　　振り返り表

名前＿＿＿＿＿＿＿＿

1．この時間は楽しかったですか。
　とても楽しかった　　楽しかった　　楽しくなかった
　全然楽しくなかった

2．同僚のよいところをたくさん手紙に書けましたか。
　たくさん書けた　　書けた　　あまり書けなかった
　全然書けなかった

3．同僚からの手紙を読んで，どんなことを感じましたか。
　- - - - - - - - - - - - - - - - - - - - - - - -
　- - - - - - - - - - - - - - - - - - - - - - - -

4．幸せを運ぶ手紙で，感じたことを自由に書いてください。
　- - - - - - - - - - - - - - - - - - - - - - - -
　- - - - - - - - - - - - - - - - - - - - - - - -

私は、この振り返り表も、短時間で書き終わると考えていたのですが、予想はまた外れました。質問を読み返して、じっくりと考える人や、次々と感想を文で書き続ける人が大勢いました。

鉛筆の音だけが職員室に響きわたる時間が流れました。私は、感想を発表し合うのをあきらめて、全員が感想を書き終わるのを待ちました。

あっという間に十五分は経過しました。計画では全員で感想を発表し合った後で、この「幸せの手紙」の感動を共に味わう予定でした。しかし、多くの人の表情から、このエクササイズの感動が伝わってきたので無理に話し合いはしないで、全員が書いた振り返り表をファイルして自由に見てもらうことにしました。

各質問に対する回答は以下の通りです。

問一　この時間は、楽しかったですか。

| | |
|---|---|
| とても楽しかった | 五六％ |
| 楽しかった | 三六％ |
| 楽しくなかった | 四％ |
| 全然楽しくなかった | 〇％ |
| その他（むずかしかった） | 四％ |

問二　同僚のよいところをたくさん手紙に書けましたか。

| | |
|---|---|
| たくさん書けた | 二一％ |
| 書けた | 六一％ |
| あまり書けなかった | 一八％ |
| 全然書けなかった | 〇％ |

問三　同僚からの手紙を読んで、どんなことを感じましたか。

**〈喜びの声〉**

・とてもうれしかった。
・ほめられるのは気持ちがいい。
・内面をほめていただいてうれしかった。
・お世辞でもほめられるとうれしい。
・人から認めてもらうことによって自信が出てきた。
・勇気づけられた。
・ほめられたような人になれるようにがんばりたい。
・みんなに役に立つ人になりたい。

**〈自己の再発見〉**

・自分には、こんな面があるのか。
・自分自身のことは自分でよくわかっていないものだ。
・自分は存在する価値があるんだ。

**〈他人の評価について〉**

・自分のことをよく見てくれている人がいるんだ。
・自分が気づかないところを指摘され驚いた。
・自分とかけ離れている。
・自分の長所と思っていいのか。
・皮肉ではないかと思った。
・自分のことは、わかってもらえない。

**〈反省〉**

・自分は相手のよさを見つけてあげられなかった。
・ほめられた言葉の一部しか自分はできていない。

## エクササイズを終えて

このような感想から、一回だけの研修でしたが、エンカウンターの概要と、よさはつかんでもらえたと考えています。

また、「幸せの手紙」は大人でも十分に使えることが今回の実践からわかりました。

ただし、書いた人の意図ともらった人の受け取り方が違うことがあるので、いくつかの配慮が必要であると思います。

配慮事項としては、手紙の差出人を匿名にすることや、お互いをよく理解できてきた時期（二学期後半以降）に実施することが考えられます。また、日ごろから人間関係を深め合えるような機会があることが、このエクササイズが成功するための大きな鍵を握っていると考えます。

研修を終えて、エンカウンターの概要はわかってもらえたので、これからの課題は、各学級でエンカウンターに取り組んでいくことだと考えます。

また初めてエンカウンターに取り組もうとする学級担任を援助していくには、エンカウンターに関心のある先生同士で、研修し合うことが大切です。

10　保護者の心をほぐすことから

# 保護者同士がふれあいを味わう懇談会

萩原美津枝　はぎわらみつえ
千葉市立幸町第一小学校教諭

**こんなときに！**

新しい学級のスタートのとき

**■ねらい**
じゃんけんでゲーム感覚を楽しみながら，友達や保護者がお互いに知り合うとともに，親近感を深める。

**■学年**　小３
**■時期**　新学期４月
**■時間**　学級活動・保護者会
**■集団**　保護者（学級）

さっき子供達がやっていたことを、みなさんもやってみましょう！
それが、○○病院に行きまして……
ワイ
ガヤ
この一ケ月、お医者さんへは？
ワイ
ガヤ
まあ、どこに住んでたんですか？
去年、引っ越してきました。

**★諸富のひとこと**

授業参観のあとの懇談会。出席率はあまりよくないところが多いようです。この学校でも３分の１も残らないことが多くあったとのこと。しかし，「懇談会で保護者同士のエンカウンターをやる」と告知したところ，実に５分の４が参加。その結果，自分の子ども以外の子にも関心をもつ親が増えたり，子どもにほかの親からの声かけが多くなったり，などの変化が起きています。

**４月初旬**

●子どもたち　クラスになじめない孤立がちな子どもなど，学級編制直後特有の不安な状態。
●保護者　同じ幼稚園に子どもを送り迎えしたとか，一緒にＰＴＡ役員を経験したなどの場合を除いて，お互いに関心がない。

■「親子連結探偵ごっこ」実施に向けて，子どもたちからの情報収集，および子ども同士のリレーションづくりと保護者への働きかけ。

●子どもたち
・学活…握手で自己紹介　自己紹介カード（掲示用）
　　　　生活アンケート
・音楽…ジャンケン列車
・体育…手つなぎ鬼
・国語…わたしの好きなこと（作文発表）

●保護者　学級便りで次のことを知らせる。
①学活での子どもたちの様子と担任の期待。
②授業参観で，ゲームの授業を行うこと。
③簡単なゲームをしながら楽しい懇談会にしたいという担任の願い。

**授業参観**

■子どもたちの「探偵ごっこ」を実施し，その後の懇談会で保護者と担任も実施する。

**下旬**

●友達のよいところ，自分もまねしたいところを見つけ「発見カード」に書く。
●朝の会や帰りの会で，学級のみんなに知らせた後「発見カード」を掲示する。

**学期末**

■「家族紹介カード」「がんばり賞あげよっと」などで，お互いを認め合う。

## なぜやりたかったのか

三年生は初めてのクラスがえ。どの子どもも、期待と不安で登校しています。

「先生は、ゲームが大好き。みんなと一緒にいろんなゲームをして仲よくなりたいと考えているんだよ。協力してね。じゃあ、始めてみようよ」という第一声で学級びらきを行いました。

「ジャンケンをして勝ったら、『わたしはバナナが好きな○○です。よろしくね』と言って、相手の目をやさしく見ながら、自分の好きなものや好きな遊びを教えてあげます。自分の名前を言うのも忘れないでよ。そのときに、手と手を握って握手をしよう。きっとこれから、いまよりも仲よく楽しい友達になれると思うよ。

じゃあ、まず最初は、いま並んでいる友達とジャンケンしよう。負けた人も勝った人に続いて好きなことと名前を言おうね。終わったら、だれか違う人を見つけて『ねえ、ジャンケンしよう』って声をかけるんだよ。時間は五分間」。

このような呼びかけで《あいさつジャンケン》を始めました。ちょっと照れた様子の子どもも、誘われるとジャンケンが楽しいこともあり、うまく参加できていました。

終わってから、振り返り用紙に記入してもらいました。「初めは、えー、何それ。と思ったけど、やってみたら意外と面白かった。またやりたいと思った」などと、次回を楽しみにしている子どもが多く、好評でした。

子どもたちのほとんどは、友達とおしゃべりをしたり、外遊びをしたりすることが大好きです。でも、自分から声をかけて誘うことには、抵抗のある子どもが多いようです。とくに新学期は、お互いに相手を意識しながらも、きっかけがないと話しかけられません。

このような子どもたちに、エンカウンターを通して、自分を表現したり友達への関心を深めたりしながら、お互いに思いやる心を育て、親近感を深めようと考えました。

また、学級経営をしていくうえで、保護者に、担任の考えを理解し協力していただくことはとても大切なことです。

保護者との信頼関係を得るためには、やはり第一印象が大切です。「おもしろそうだね」「気さくな先生じゃないの」と言われるように、新年度最初の懇談会に工夫をこらしてみました。

## お家の人が見守る中での「探偵ごっこ」

新しい学級でのスタートから一週間。

朝の会や帰りの会、音楽や体育などの教科学習、学級活動などでの活動を通して、子どもたちは、自分以外の人に興味をもち始めました。

そんな時期に第一回目の授業参観日がおとずれました。

「《探偵ごっこ》をするんだよ」と予告したときから、「先生、何を探すの？」「コナンみたい」と、子どもたちはしきりに質問してきていました。《たんてい》という言葉が受けているようでした。さらに、算数や国語などの苦手な子どもには、ゲーム感覚でできるのも喜びが大きいようでした。

ウォーミングアップの「あいさつジャンケン」に続いて、「さあ、《探偵ごっこ》」と言いながら、ワークシートと名前シールを配りました。そして、やり方とルールの説明をし、具体的に名前のシールを枠の中に貼ってから、相手をかえるまでのデモンストレーションを行いました。質問も受け、納得してからスタートです。急に教室中がにぎやかになり、バックに流れる音楽も聞こえなくなりました。

三分たっても、ジャンケンに負けシールがもらえないA男は、気弱い感じの子どもでしたので、私が答えてシールを貼りました。「今度はB君やC子とジャンケンしてごらん」と肩に手を置いてそっと教えました。他は、元気よく活動して、名前シールもいくつか貼られていることを確認しながら見回りました。

一〇分、五分、二分、一分と残り時間も知らせ、「はい。終わりです。自分のいすを先生のほうに向けて座りましょう」の大きな声にそれぞれ席につきました。子どもたちの表情をゆっくりうなずきながら見渡して、振り返りの説明に入りました。

メッセージカードのプレゼントでは、控えめな子どもたちではなく、中間的な子ども四人が一枚もありませんでした。しかし、一枚もない友達に気づいた子どもが「ぼく、書きたかったけど二枚しかなかったから。いますぐ書けるよ」と発言したのをきっかけに、四人には三〜四枚ずつのカードが届けられました。

「ほんとうはもっとたくさんの友達に、このカードをあげたかったのね。先生は、みんなのその気持ちがすっごくうれしいよ。とってもいいクラスだね。これから、もっとみんなのよいところを見つけっこしていこうね。すてきなみんなに拍手！」と本時をまとめました。

**久しぶりに子どもにかえってみようかな？**

本学級の保護者はほとんどが、他県や他市町村の出身者であることもあり、お互いのコミュニケーションは不十分のようでした。そして、自分の子どもへの期待は大きいが、子どもの友達関係にはあまり関心がないように感じました。

これまでにも、授業参観にはほとんどの保護者が出席しているのに、懇談会には、三分の一も残らないことがよくありました。そこで、今年度は、保護者と担任、保護者同士、保護者と子どもたちの心も通い合うようにしたい、子どもたちの活動と同じエンカウンターを実施するので、ぜひ懇談会にも参加してほしいことを、学級だよりで知らせました。さらに、子どもたちにも家の人に呼びかけてもらいました。

## たんていごっこ　指導案

［ねらい］・握手と会話で情報を交換し合い，自分とは違う友達の存在に気づくことができる。
・自分からすすんで，友だちとのリレーションづくりをしようとする。

| | 学習活動と内容 | 教師の支援 |
|---|---|---|
| 導入 | 1．ウォーミングアップをする。<br>○二人組でジャンケンをして，勝った人から順番に自己紹介をする。<br>その際名前と誕生日か兄弟の人数を教える。<br>○相手の目を見て，握手をしてから次の人と向き合う。 | ・音楽を流し和やかな雰囲気づくりをする。<br>・相手を見つけられない子どもには，近くの子どもとペアをつくるように声をかける。<br>・一度体験したエクササイズを行うことにより，保護者に見られている緊張をとり除き自信をもってスタートできるようにする。自己紹介の条件に，誕生日か兄弟数を入れ，次の問題につなげる。 |
| 展開 | 2．探偵ごっこをする。<br>○やりかたとルールを確認する。<br>《やりかた》<br>①質問に合うと思う人を探してペアをつくる。<br>②ジャンケンに勝ったら，相手の目を見ながら握手をし質問する。<br>③ＹＥＳなら名前シールを貼ってもらう。<br>④相手をかえて，名前を集める。<br>《ルール》<br>①同じ人とは１回しかペアをつくることができない。<br>②競争ではないのであわてないで行う。<br>3．振り返りをする。<br>○「探偵ごっこ」を振り返り，ワークシートに記入する。<br>○メッセージカードに「初めて知ったこと・うれしかったこと」などの感想を書く。<br>○書いたメッセージカードを発表し合う。<br>○メッセージカードを交換し合う。 | ・ふだんあまり親しく話をしてない子どもに，多くの子どもが話しかけられるような質問を意図的に入れておく。<br>・ワークシートには，生活，学習，性格，家庭環境などいろいろな角度から考えて10問用意する。<br>例：①今日の朝ごはんを食べてきました　②４月か５月がたんじょう日です　③「日本一周マラソン」５キロをこえました　④音楽より図工がすきです　⑤きょうだいは２人です　⑥春休み中，学校に来たことがあります　⑦ゆうべ，ベッドでなくふとんにねました　⑧学級のぜんぶの人の名前をいえます　⑨22cmのうわぐつをはいています　⑩おこのみやきよりタコやきがすきです<br>・シールに氏名印を押したものを個々に渡して，枠に貼ることで書く時間の短縮と安全を確保する。<br>・デモンストレーションで方法を確認し，活動への意欲をもたせる。<br>・あまり話をしたことのない人と自然に話せるように。<br>・20分間に，できるだけ多くの該当者を探すように促す。<br>・メッセージカードを書いて発表する時間を大事にしたいので，文章回答を少なくする。<br>・見つけたことを交換しあうことで，自分と違った友達の存在に気づくとともに，その違いをお互いに認め合って，受け入れながら過ごすよう助言する。<br>・メッセージカードをもらえない子どもがいたときのために，教師が書いたものを用意しておいてプレゼントする。 |
| 終末 | 4．本時のまとめをする<br>○感想を自由に発表し合う。 | ・教師も子どもの活動から感じたことを話して，楽しくあたたかい雰囲気の中で終わる。 |

効果は、期待どおりでした。兄弟の関係で他学級に行かれた方もいましたが、五分の四の懇談会出席率でした。とにかく参加していただくことが第一条件です。

「初めまして、わたしが担任の◇◇です。今日、みなさんとお話しできるのがとてもうれしいです。ではさっそく始めましょう」と二重の円をつくって、向かい合った人と順番に「あいさつジャンケン」をするようにしました。

ジャンケンの決着がつかなかったり、話が続いたりして、動きがそろうことはあまりありませんでしたが、さすが大人、臨機応変に歩調を合わせてくれました。一巡したときには、笑顔があちらこちらで見られました。

担任も積極的に参加しながら、遅れてきた人と交代したり、帰る人のところに入ったりしました。

《探偵ごっこ》の質問も、子どもたちの質問と少し変えて、大人向けにしてみました。

じっくりプリントを読んでから動きだす保護者。一人の相手とも、話がとても長いのです。

多くの人と交わってほしかったので、「八人の名前シールが集まった人から座りましょう」と条件を出しました。少しは効果があったようです。

しまいにはみんなに向かって「タコ焼き好きな人はいませんか?」と言いだす人もいて、大笑いでした。

担任は一緒に参加して、保護者の理解に努めました。また、ビリも引き受けました。

その後は、イスを少しずつ持ち寄って円になり、懇談会の話し合いです。シェアリングとまとめをかねて、感想をひとことずつ話していただきました。

「子どもに参加するように言われました。このクラスはB型が多いですね。何となくは知っていたけど、初めてお話させてもらった方が半分以上です。子どもがおじゃまして、おやつをごちそうになった方がいたので、お礼が言えてよかったです。」と、あたたかい雰囲気でした。

時間は、予定をはるかにオーバーし、四〇分もかかりましたが、にぎやかで退屈しない時間だったと思います。翌日の子どもの話からも、好評だったことが伝わってきました。

### 最後の授業参観では

三学期最後の授業参観の終わりには《よいとこ見つけ》のカードを、子どもからお家の方にプレゼントしました。事前に、子どもたちから見た親のよいところを、カードに書いて準備しておいたのです。

「まあ、うれしい」と率直に気持ちを表現して受けとる方、子どもに読み上げてもらっている方、「よく、お母さんを見てたわね」「ありがとう、大事にとっておくからね」など、親子のやりとりにはやさしさが見える気がしました。同時に、子どもたちが自分の気持ちをずいぶん素直に表現できたことをうれしく思いました。

その後の懇談会では、親から子どもへ《よいとこ見つけ》のカードを書きました。それをもとに、一年間の子どもたちの成長を話し合いながら、保護者と担任で、とても有意義で和やかな時間を過ごしました。

### 終わりに

一年間、お互いを知り、認め合う場を心がけて、子どもたちや保護者に働きかけてきました。

子どもたちは、エンカウンターの振り返りではもっともらしく理解できても、毎日の生活の中では、まだまだ自己中心的で、相手の言うことに耳をかさない場面がよくあります。

でも、計画的に他者理解、他者受容の場を体験してきて、やさしい思いやりの言葉が、帰りの会や生活の中で多くなりました。グループをつくるときも孤立する子どもがいなくなったように思います。

保護者も、懇談会の出席率が高くなっただけではなく、自分の子ども以外にも関心をもつようになってきたようです。遊びに行った家の人から、言葉かけが多くなったとの声も聞こえました。また、他の行事でも気軽にあいさつを交わし、子どもや趣味についての情報交換を行う姿が多く見られるようになりました。

**参考文献**

國分康孝監『エンカウンターで学級が変わる　小学校2』図書文化

10　保護者の心をほぐすことから

# 教師と保護者の心が通う懇談会

**岩瀬伸子** いわせのぶこ
千葉市立検見川小学校教諭

**こんなときに!**

学年最初の懇談会で

**■ねらい**
クラスがえをしたばかりで，お互いにまだよく知らない保護者同士と，教師との心が通う和やかな会にする。

**■学年**　大人（小３保護者）
**■時期**　１年間
**■時間**　保護者懇談会
**■集団**　保護者（20人）

「お子さんに望むこと」「学級や学校に望むこと」「今日の感想」を話し合ってみましょう。
今日は多くの人と知りあえました。
子どもには、友達をたくさんつくってほしいんです。
そうですよねえ。

**★諸富のひとこと**

本実践では，保護者懇談会でエンカウンターを行うことによって，形だけではないほんとうの「懇談会」にすることに成功しています。「子どもに望むこと」「担任，学級，学校に望むこと」についてグループで話し合い，それを出してもらうことで，教師と保護者の心のつながりをつくることに成功しています。学級通信に話し合いの内容を載せて，不参加の保護者に疎外感を感じさせない配慮もすばらしいです。

**4月**

●クラスがえがあり，保護者同士も担任もお互いのことをよく知らない。子どもの話に出る友達の名前と顔が一致しない。
●保護者の一人一人は協力的でおだやか。関心も高い。

■学年初めの懇談会
「自己紹介」から「話し合い」までをグループエンカウンターで和やかなものに。

**6月**

●保護者と教師がお互いにわかってきたころ。
●家庭訪問も済み，学級通信でクラスの様子は家庭に伝わっている。

■二回目の懇談会
エゴグラムをかき，子どもへのかかわり方について客観的に知る。

**2月**

■学年最後の懇談会
子どもの書いた，一年間の振り返りのプリントをもとに話し合いを行う。

●保護者同士と教師が親しく話ができる。来年度の役員もスムーズに決まり，一年を気持ちよく締めくくれた。

## なぜやりたかったのか

「ああ、もうすぐ懇談会か……。話すことは……資料はどうしよう。要望とか、質問とかどんなことが出るかな……」

何年この仕事をしていても、懇談会が近くなると頭がだんだん痛くなってきます。

学級会のような席になり、私は前の真ん中に座って、あいさつから学級の様子、方針、連絡などを一通り話します。次は保護者の番です。自己紹介や子どもの話、質問、要望などが出て、私はメモを取ったり質問に答えたり……。

ところで三人の母でもある私は、自分の子どもの懇談会では当然保護者の立場になるわけです。でも反対側に座っているのになぜでしょう。緊張感は教師の立場と変わらないのです。他の保護者の方とは、ふだんあまりかかわり合いがなく、自分だけがひとりぼっちのように思えます。

話すのも自分の番になると緊張します。手短に子どもの話をしますが、後になって（言い足りなかったかな……）などと後悔することもしばしば。

「懇談会」というのは、小心者の私にすれば、教師であれ保護者であれ緊張する行事なのです。

このときは六年間のT・T専任のあと、久しぶりの担任になった初めての懇談会。せっかくの懇談会なのですから、ちょっと違った楽しいものにできたらいいな。緊張しないで、保護者と心を通わせた話し合いができないものだろうか。それには思い切ってエンカウンターを取り入れてみよう、そう決心したのです。子どもに楽しいエンカウンターなら、大人にだって楽しめるでしょう。

保護者にはあらかじめ、学級通信で「懇談会には楽しめる内容を企画している」と知らせておきました。

## 参観の授業をエンカウンターで

子ども授業でエンカウンターを見せれば、それがどんなものかという説明の必要がありません。「名前を覚えて仲よくなろうゲーム」（「クラスがえ後の人間関係づくり」参照）という名のエクササイズを、保護者の前で行いました。

整然とした授業と違い、子どもたちが動き回ったり話をしたりしていますので、見ているほうも反応したり笑ったりと、和やかな雰囲気になりました。

## いよいよ懇談会

授業参観が終わり、懇談会が始まりました。初めに簡単にあいさつをし、子どもたちがやったようなエンカウンターを行うことと、そのねらいを話しました。

「えー私たちも!?」と、驚きと期待感の入り交じった反応がありました。

---

### ■保護者との出会いのエクササイズ

**(1) 準備**

・あらかじめ子どもに書かせておいた名札をつける。「○○の母（父）」フルネーム、どちらでもよい。
・教室の中に広い空間を取っておく。

**(2) 本時**

①ねらいを話す

「保護者と教師が、気持ちを合わせて子どもたちを支援していくことができるように、まず保護者同士が知り合って、子どもたちのように仲よくなりたいと思います。さっき子どもたちがやったようなエンカウンターをしますので、私の指示に従ってください。どうしてもいやな方は見ていてくださってもけっこうです」

②エクササイズ

・教室の中を何も言わないで自由に歩く（一分三〇秒）。数名がこのときの感想を話す。
・歩きながら、出会った人とできるだけたくさん握手と自己紹介をする（三分）。何人の名前や顔を覚えたか、前と比べてどんな気持ちがしたかを話す。
・今日まだジャンケンをしていない、あまりよく知らない相手を見つけて二人組をつくる。この二人組で自己紹介をし合う（四分）。
・いまの二人組のままもう一組を見つけ、四人組になる。二人組の相手のことを紹介する（他己紹介）。
・四人グループのまま席に座り、「話し合いのメモ」にそって話し合いをする（一人三分程度。計一二分～一五分。様子を見て加減する）。
・グループごとに代表者が発表する。

私も、どうなることかと少しどきどきしながら、顔と声はきわめて明るく、「みなさん同士が仲よくなって、和やかに話し合いのできる懇談会にしたいのでご協力ください」と、ねらいを伝えてさっそくエクササイズに入りました。

最初のエクササイズは、黙って教室を歩き回るものです。顔を合わせているのに話ができない、奇妙な様子を感じとってくれました。

「どんな感じがしましたか」という問いに対して、保護者はすぐに手をあげてはくれませんが、顔見知りの保護者に聞くと、「何だかとても不自然な感じでした」と話してくれました。

次にいろいろな人と握手をし、名前を言いながら言葉を交わすエクササイズになると、もうすっかり楽しくにぎやかに活動できるようになりました。私も中に入って一緒に行ったのですが、あいさつした人数は数えられないほどでした。

初めて話す人と二人組をつくり、自己紹介をし合う段になると、一人二分ずつでは足りないほど話が盛り上がるところもあり、時間の延長をしたほどでした。そして、ここで初めて四人組で席に着き、他己紹介をしました。これもたいへん盛り上がりました。

## 何でも言える人数で

すっかり和やかになったところで、話し合いの用紙を配り、懇談会に入りました。

「腹を割った話し合いができる人数は、七人ぐらいが限度と聞いたことがあります。ですから、今日はその四人で話し合っていただきたいと思います」と話します。

○子どもに望むこと
○学級や担任、学校に望むこと
○今日のエクササイズの感想

の項目について話し合ってもらい、最後にグループごとにまとめて発表してもらいました。

## 大人でも“振り返り”が大事

保護者からは次のような意見が出されました。

○「子どもに望むこと」
・友達をたくさんつくってほしい
・元気な子ども、やさしい子ども、たくましい子ども……
・あいさつ、感謝のできる子ども

○「学級や教師、学校に望むこと」
・楽しい、仲のよいクラス・学校に
・善悪を厳しく指導してほしい
・体験重視、ゆとりのある学習を
・心の勉強、個性伸長、あいさつ
・お金の使い方の指導
・宿題の出し方……

○「今日のエクササイズの感想」
・ふだん他のお母さんたちと話をする機会がないので、知り合えてとてもよかった（多数）。
・最初は戸惑いましたが、会話が弾みました。

**〈話し合い用のメモ〉**一グループ（四人）で一枚

話し合いましょう・振り返りましょう
グループでの話し合いのメモ

| | | | | |
|---|---|---|---|---|
| お名前 | | | | |
| 子どもに望むこと | | | | |
| 学級や担任，学校に望むこと | | | | |
| 今日のエクササイズの感想その他 | | | | |

分担：一人司会，一人メモ，一人発表，一人盛り上げ　をお願いします。
◎ご協力ありがとうございました。

・保護者の発表の際、教師は評価せず、聞くことに徹する。すぐに回答したほうがよいと思われることのみ、まとめて最後に話す。
・学校への要望などは管理職に伝えることを話し、協力に対するお礼を述べて終了する。

**振り返り用紙**

“この１年間を振り返って”　お名前

１，この１年間でお子さんががんばったことや成長したなと思うことは何ですか？

２，これから、どんな４年生、またはどんな子どもに育ってほしいですか？

３，学校や担任に対する要望や質問などありましたらお書き下さい。

☆お子さんが書いたものと比べて同じ所や違うところをグループの方とお話しして下さい。

今日のエクササイズを振り返った感想、その他どんなことでもどうぞ。

◎ご協力ありがとうございました。

・よい雰囲気の中、緊張せずに話ができた。

懇談会に出席したのは母親ばかり、二〇名でした。振り返り用紙に書かれたこれらの意見から、保護者は子どもへの望みや、学校教育についての要望などをもっていて、機会があれば話したいと思っていたこと、いままで母親同士が知り合うことも、話し合いをするチャンスも、あまりなかったことがよくわかりました。

## 小さな工夫で懇談会がフレッシュアップ

「これからもこのような懇談会にして」といった予想外の反響があり、思いきって実施してよかったと、充足感を味わいました。

「教師としてまとまった話をしなければならない」といった気負いを捨てたことで、保護者ももっと自分たちの意見を話したかったんだ、ということを知ることになりました。

考えてみれば、学校の授業も同じではないでしょうか。子どもたちは先生の立派な講義を聞くよりも、話し合いをして考えをあれこれ出すほうが生き生きしていますから。

また、保護者に「話し合いメモ」を書いてもらうことには、いくつかメリットがありました。

まず保護者にとっては、資料を読むだけよりも書く作業があることによって、主体的な活動になります。また文字に残すことで、自分の考えが残り、一人一人が尊重されます。

教師側としては、保護者が主体的に活動するため、自分だけの独壇場にならず、さらに、メモをとる必要がないので、余裕をもって話を聞くことができました。いっぽうでデメリットがあるとすれば次のようなことが考えられます。

保護者同士で気の合わない人がいたり、学校に対して不信感をもっていたりする人がいるなどの場合です。

大人を対象としたエンカウンターが、児童対象のそれより気をつかうのがここで、事前に保護者の感情や考えを十分把握しておく必要がある、というのが留意点だと思います。

なお、この話し合いで出た事柄は、学級通信に載せ、参加しなかった保護者にも様子がわかるようにしました。

## 二回目は趣向を変えて

二回目の懇談会では、保護者の子どもに対する構えを客観的に見る方法として、交流分析の中の「エゴグラム」の手法を、実際に書くことを通して紹介しました。

ここではとくにみんなの前での振り返りは行わず、一人一人に考えてもらうにとどめました。父親の構えはどうなのかなど、家庭で話す材料になったらいいなと思いました。

## 最後は話し合いを充実させて

三回目となった最後の懇談会は、始まる前からうち解けた雰囲気でした。

このときは、保護者がこの一年間の子どもの成長をどうとらえているか、また、子ども自身が感じている自分の成長ぶり（がんばったこと）と合っていたか、違っていたかを比べて感想を話し合い、発表してもらいました。

保護者の感じている成長ぶりは、少しずつ身の回りのことができるようになったとか、下の子の面倒を見てくれるようになったとか、さまざまな視点で表されていました。

また、子どものよいところを見つけてほめることのむずかしさを感じた、子どものことを客観的に見る機会になった、いろいろな子どもたちの様子がわかった、頭を使う懇談会で楽しかった、といったような感想がありました。

## やってよかった！

保護者は子どものことをたくさん話したい。私もそれを聞きたい。そのためにまず心を通わせ、和やかな雰囲気をつくる。

エンカウンターは立派にその役割を果たしてくれました。

堅苦しい会議でない、ほんとうに「懇談」のできる懇談会になりました。次年度のクラス役員もすんなり決まりほっとしています。

ちょっとした工夫でわくわく保護者会。私のようにドキドキ保護者会が苦手だという方にとくにおすすめです。

【た行】



【な行】



【は行】



【ま行】



【や行】



【ら行】



【わ行】



※なお，『エンカウンターで学級が変わる』の８冊は，國分康孝監修，図書文化刊

## ■本書に出現するエクササイズ一覧

**本書に出てくるエクササイズをピックアップしました。ゲームに近い内容を含むものもありますが，エンカウンターとしての効果をねらったと思えるものは本欄で取り上げました。さらにそれぞれ詳しく紹介されている参考図書をあげました。示されていないものは，編集段階で見つけることができなかったもので，オリジナルのものもあれば調査不足の結果によるものもあります。**

### 【あ行】

あいさつゲーム　86
　『エンカウンターで学級が変わる　小学校１』102

朝起きてからのこと　67
　『エンカウンターで学級が変わる　小学校２』200

あなたってなっかなかだ　54　→いいとこさがし　40,43,68,83,84，よいとこみつけ　113，メッセージカード交換　49，幸せの手紙　107，グルグルドッカンじまん大会　57,58，この声だあれ　56,57
　『エンカウンターで学級が変わる　小学校１』115,178

いいとこさがし　40,43,68,83,84　→よいとこみつけ　113，あなたってなっかなかだ　54，メッセージカード交換　49，幸せの手紙　107，グルグルドッカンじまん大会　57,58，この声だあれ　56,57
　『エンカウンターで学級が変わる　小学校１』115,178

エイゴ DE ビンゴ　76

エゴグラム　117　→自分のエゴグラムパターンを探せ　43，私ってどんな人　62
　『エンカウンターで学級が変わる　中学校１』170

X さんからの手紙　81,91
　『エンカウンターで学級が変わる　小学校１』164，『エンカウンターで学級が変わる　ショートエクササイズ集』166

同じ形を見つけよう　87,88

### 【か行】

聞き合い活動　63,71

グルグルドッカンじまん大会　57,58→この声だあれ　56,57，幸せの手紙　107，あなたってなっかなかだ　54，いいとこさがし　40,43,68,83,84，メッセージカード交換　49，よいとこみつけ　113
　『エンカウンターで学級が変わる　小学校１』115,178

高校生になった私からの手紙　104
　『エンカウンターで学級が変わる　中学校１』192

この声だあれ　56,57　→グルグルドッカンじまん大会　57,58，幸せの手紙　107，あなたってなっかなかだ　54，いいとこさがし　40,43,68,83,84，メッセージカード交換　49，よいとこみつけ　113
　『エンカウンターで学級が変わる　小学校１』115,178

### 【さ行】

サイコロトーク　74
　『エンカウンターで学級が変わる　ショートエクササイズ集』138

サイコロトーク　82
　『エンカウンターで学級が変わる　小学校１』158

三種の神器　103

幸せの手紙　107　→いいとこさがし　40,43,68,83,84，メッセージカード交換　49，よいとこみつけ　113，あなたってなっかなかだ　54，グルグルドッカンじまん大会　57,58，この声だあれ　56,57
　『エンカウンターで学級が変わる　小学校１』115,178，『エンカウンターで学級が変わる　ショートエクササイズ集』162

してあげたこと，してもらったこと　82
　『エンカウンターで学級が変わる　小学校１』144

自分がしたいことベスト10　80
　『エンカウンターで学級が変わる　小学校１』176

自分が大切にしたいこと　62,64

自分のエゴグラムパターンを探せ　43　→私ってどんな人　62，エゴグラム,117
　『エンカウンターで学級が変わる　中学校１』170

自分への手紙　67,69
　『エンカウンターで学級が変わる　小学校１』124

自分を支えてくれているもの　104,105
　『エンカウンターで学級が変わる　中学校３』182

ジャンケンおんぶ　34

10年後の私　82
　『エンカウンターで学級が変わる　小学校１』174

じゅげむジャンケン　94

春夏秋冬　103
　『エンカウンターで学級が変わる　小学校１』112（四つの窓）＋同148（共同絵画）

成功物語　44,65
　國分康孝監修『教師と子どもの人間づくり　第一集』瀝々社　133

## ■教師を支える会のご案内

「教師を支える会」はいま，過酷な試練をつきつけられている教師を支えていこうとする有志の集まりです。全国組織のネットワークをつくり，小グループでの集まり，サポートグループ，個人カウンセリング，電子メール相談，電話相談，ボディワークなど，さまざまな方法で支援を提供しています。

【教師を支える会】

代表　諸富祥彦（千葉大学・支える会事務局）

顧問　國分康孝（東京成徳大学）　國分久子（千葉短期大学）　松原達哉（立正大学）

以下に相談方法を掲載します（2000年5月現在)。より詳しくは，「教師を支える会」のホームページ（http://www1.odn.ne.jp/~cam66400/sub2.htm）をご覧ください。Yahoo!などで「悩める教師を支える会」と入力していただくとアクセスできます。

【相談方法一覧】

**●教師を支える集い**

①心がホッとできる教師の集い

開催場所：ヒューマンギルド

東京都新宿区天神町6番地Mビル

東西線神楽坂駅　矢来町方向出口より矢来町方面（右手）に徒歩3分

☆毎月1回土曜日に実施しております。いずれも10：00〜12：00。開催日は上記ホームページをご覧ください。お気軽にお越しください。

②教育カウンセラー協会

國分カウンセリング研究会主催の，教師のためのサポートグループ

内容や開催場所の詳細については，教育カウンセラー協会　03-3943-2510（村主さん）

**●ＦＡＸでの相談（諸富が直接お返事します）**

支える会事務局　FAX　043-290-2561

“支える側”としてネットワークに参加いただける方もこちらにファックスしてください。

**●電子メールでの相談**

電子メールでの相談も，東京学芸大学の小林正幸先生ほか10件の方が窓口を開いてくださっています。「教師を支える会」ホームページにある受付先とアドレスをご参照ください。

**●電話での相談**

①東京学芸大学教育学部附属教育実践センター

042-329-7700

東京学芸大学の教官を中心としたスタッフが回答者です。2000年の4月中旬から7月25日と，10月26日から2月13日までの期間。月曜日および木曜日の18：00〜19：30

②T-PEC（ティーペック）

教職員の心と身体の健康相談。毎日9：00〜21：00（年中無休，無料）

ほぼ全国の教職員共済組合の会員に無料で電話相談を行っています。電話番号（フリーダイヤル）は各都道府県共済組合にお問い合わせください。

③千葉県教職員こころの健康相談

043-246-1144 千葉県内公立学校教職員および家族のための無料電話相談。面接相談も受け付けています。火・木曜日の15：00〜18：00

**●個人での相談**

サポーティヴコム　渋谷区　03-5269-1042(Fax)

ならしのカウンセリングルーム　習志野市　047-475-4069

知心学舎　ssp 福岡県宗像市 0940-32-2663

カウンセリングプレイス　ジョイン　台東区　http://www.cp-join.com/

ヒューマンギルド　新宿区　03-3235-6741

藤見幸雄　臨床心理士　東京都　03-5814-1853

青木聡　大正大学講師　東京都　03-5748-5020

※このほか全国で約70名の方に相談をお願いできます。詳しくはホームページをご覧ください。相談ご希望の方は　①相談を希望する方の氏名・希望日時を明記のうえ，支える会事務局（Fax.043-290-2561）までご連絡ください。事務局から連絡を取ったうえで，折り返しご連絡差し上げます。

## ■執筆者紹介（五十音順　敬称略　2000年９月現在）


今井美枝子　千葉市立打瀬小学校教諭

岩瀬　伸子　千葉市立検見川小学校教諭

岩田　裕之　印旛郡栄町立竜角寺台小学校教諭

上村　知子　千葉市立新宿小学校教諭

小倉千恵子　千葉市立高洲第三小学校教諭

尾高　正浩　千葉市立打瀬小学校教諭

加瀬　和子　千葉市立花見川第五小学校教諭

川島　恵子　千葉市立園生小学校教諭

金原　直美　千葉市立新宿小学校教諭

佐久間富美子　千葉市立院内小学校教諭

櫻井　利行　千葉市立検見川小学校教諭

地引　祐子　千葉県立仁戸名養護学校教諭

土田　雄一　市原市教育センター指導主事

寺崎　幸雄　千葉市立院内小学校教諭

西村　幸子　千葉市立稲毛第二小学校教諭

萩原美津枝　千葉市立幸町第一小学校教諭

樋口　雅也　千葉市立院内小学校教諭

平田　元子　千葉市立打瀬小学校教諭

平林かおる　千葉市立院内小学校教諭

藤田由美子　千葉市立園生小学校教諭

水田美智子　千葉市立宮崎小学校教諭

諸富　祥彦　千葉大学教育学部助教授

## ■編者紹介

### 諸富　祥彦　千葉大学助教授

もろとみ・よしひこ　1963生まれ。筑波大学，同大学院博士課程修了，教育学博士。1993年より現職。学校カウンセリング，教育臨床学，教育相談実習，臨床生徒指導論などを担当。千葉市内の中学校スクールカウンセラーも兼務しており,「現場教師の作戦参謀」として各地の講演や研修会に赴いては，抽象論ではない，実際に役立つアドバイスを与えるなどの広範な活動を展開。千葉市グループエンカウンターを学ぶ会顧問，悩める教師を支える会代表。単著13冊をはじめ著書多数。千葉大学教育学部諸富研究室　FAX　043-290-2561

### 千葉市グループエンカウンターを学ぶ会

「エンカウンターに興味をもっている先生がたくさんいるが『やり方がわからない』『うまくいかない』といった声を聞くので一緒に勉強会をしましょう」。千葉市教育センター指導主事・明里康弘先生のこの呼びかけに賛同した仲間で勉強会がスタート。千葉市の小中学校教師を中心に，現在会員70名あまり，年４回の例会を実施している。
例会には千葉大学の諸富祥彦先生をスーパーバイザーに招き，毎回ご指導いただいている。諸富先生は大変フットワークが軽く，会以外にも現場でのエンカウンターの指導，講演，そして自らもエクササイズを行うなど積極的に現場教師にかかわっていただいている。そのお陰で，千葉市では確実にエンカウンターのすそ野が広がり，多くの教師が熱心に実践を重ねている。

【千葉市グループエンカウンターを学ぶ会　編集スタッフ】

### 明里　康弘　千葉市教育センター指導主事

あかり・やすひろ　中学校不登校生徒とかかわるようになって13年。はじめはその生徒たちに恐る恐る始めたエンカウンターもいまは数知れず…定着してきた。最近は幼稚園のヤングママとエンカウンターをやって元気をもらっている。

### 加瀬　和子　千葉市立花見川第五小学校教諭

かせ・かずこ　子どもの言動は，子どもの思いや願いの表れ。それをどう受けとめてあげられるか。どうすればとけ込むように心の中に入り込めるのか。構成的グループエンカウンターを取り入れて心探しや心ほぐしができたらと機会をねらっている。

### 高橋　　章　千葉市立大椎小学校教諭

たかはし・あきら　全国を旅するなかで，人間関係づくりの大切さを身をもって体験。学級づくりのほかに，ショートエクササイズを転入生の歓迎会や保護者会に取り入れて好評を得ている。

### 萩原美津枝　千葉市立幸町第一小学校教諭

はぎわら・みつえ　「みんなで言葉のキャッチボールができるクラス」を学級経営の目標にしている。そのために，グループエンカウンターは私の心強い味方。趣味はアートフラワーづくり，水泳。

### 平田　元子　千葉市立打瀬小学校教諭

ひらた・もとこ　エンカウンターを行い，子どもたちの「自己発見」を支援してきた。子どもにはいつも自分に自信をもってにこにことしていてほしいと思っている。これからも自分を好きになるエンカウンターをたくさんしていきたい。

**エンカウンター　こんなときこうする！　小学校編**
**ヒントいっぱいの実践記録集**

2000年11月10日　初版第１刷発行［検印省略］
2012年11月10日　初版第10刷発行

編著者　諸富祥彦　千葉市グループエンカウンターを学ぶ会
発行人　村主典英
発行所　株式会社　図書文化社
〒112-0012　東京都文京区大塚1-4-15
TEL 03-3943-2511　FAX 03-3943-2519
振替　00160-7-67697
http://www.toshobunka.co.jp/
イラスト　鈴木真司
装　幀　田口茂文
印刷所　株式会社　厚徳社
製本所　株式会社　駒崎製本所


ISBN978-4-8100-0330-7 C3337

## ソーシャルスキル教育の関連図書

### ソーシャルスキル教育で子どもが変わる ［小学校］

**國分康孝監修　小林正幸・相川充編**　　Ｂ５判 200頁　**本体2,700円**

友達づきあいのコツとルールを楽しく体験して身につける。①小学校で身につけるべきソーシャルスキルを具体化、②学習の手順を段階化、③一斉指導で行う具体的な実践例、をまとめる。

**●主要目次**：ソーシャルスキル教育とは何か／学校での取り入れ方／基本ソーシャルスキル12／教科・領域に生かす実践集／治療的な活用

### 実践！ ソーシャルスキル教育 ［小学校］［中学校］

－対人関係能力を育てる授業の最前線－

**佐藤正二・相川充編**　　Ｂ５判 208頁　**本体各2,400円**

実践の事前，事後にソーシャルスキルにかかわる尺度を使用し，効果を検証。発達段階に応じた授業を，単元計画，指導案，ワークシートで詳しく解説。

育てるカウンセリング実践シリーズ②③

### グループ体験によるタイプ別！学級育成プログラム ［小学校編］［中学校編］

－ソーシャルスキルとエンカウンターの統合－

**河村茂雄編著**　　Ｂ５判 168頁　**本体各2,300円**

★ソーシャルスキル尺度と学級満足度尺度Q-Uを使った確かなアセスメント。

**●主要目次**：心を育てる学級経営とは／基本エクササイズ／学級育成プログラムの６事例

いま子どもたちに育てたい

### 学級ソーシャルスキル 〔小学・低学年〕〔小学・中学年〕〔小学・高学年〕

－人とかかわり，ともに生きるためのルールやマナー－

**河村茂雄・品田笑子・藤村一夫編著**　　Ｂ５判 208頁　**本体各2,400円**

「みんなで決めたルールは守る」「親しくない人とでも区別なく班活動をする」など，社会参加の基礎となる人間関係の知識と技術を，毎日の学級生活で楽しく身につける！

**●主要目次**：学級ソーシャルスキルとは／学校生活のスキル／集団活動のスキル／友達関係のスキル

### 社会性を育てるスキル教育35時間 小学校全６冊／中学校全３冊

－総合・特活・道徳で行う年間カリキュラムと指導案－

**國分康孝監修　清水井一編集**　　Ｂ５判 約160頁　**本体各2,200円**

小学校１年生で身につけさせたい立ち居振る舞いから，友達との関係を深め，自分らしさを発揮しながら未来の夢を探る中学３年生まで。発達段階に応じてこころを育てる。

**●主要目次**：社会性を育てるスキル教育の進め方／社会性を育てる授業の指導案35

**図書文化**

071116_2

※定価には別途消費税がかかります